SOCIÉTÉ IMPÉRIALE ET CENTRALE D'HORTICULTURE DE FRANCE

UTILISATION

DES

EAUX D'ÉGOUT

DE LA VILLE DE PARIS

Rapports et Extraits des Procès-verbaux des Séances

PREMIER FASCICULE

PARIS

IMPRIMERIE DE E. DONNAUD

1, RUE CASSETTE, 1

1870

SOCIÉTÉ IMPÉRIALE ET CENTRALE D'HORTICULTURE DE FRANCE

UTILISATION

DES

EAUX D'ÉGOUT

DE LA VILLE DE PARIS

Rapports et Extraits des Procès-verbaux des Séances

PARIS

IMPRIMERIE DE E. DONNAUD

1, RUE CASSETTE, 1

—

1870

I. RAPPORTS

PREMIER RAPPORT.

SUR LES CULTURES FAITES A CLICHY AVEC L'EAU DE L'ÉGOUT
COLLECTEUR.

M. SIROY, Rapporteur.

MESSIEURS,

A la suite d'une présentation de produits maraîchers faite par
MM. Mille, ingénieur en chef, et Alfred Durand-Claye, ingénieur
des ponts et chaussées, chargés par la ville de Paris du service
d'essai des eaux d'égout, une Commission a été nommée pour exa-
miner les expériences de culture faites à Clichy avec l'eau de
l'égout collecteur prise comme engrais. Cette Commission est
composée de MM. Laizier, président, Rivière, Gontier, Servet,
Vivet, Gauthier, Crémont père, Pageot et Siroy, Rapporteur.
L'empressementavec lequel notre Secrétaire-général, M. Bouchard-
Huzard, le Président du Comité de Culture potagère, M. Louesse,
ainsi qu'un grand nombre de nos collègues, se sont joints à la Commission, prouve combien notre Société attache d'importance à ce
travail ; car il s'agit ici d'une question d'engrais, c'est-à-dire de
ce qu'il y a de plus sérieux et de plus utile à étudier, tant pour
l'horticulture que pour l'agriculture. Malheureusement en effet,
notre pays, qui est, quoi qu'en disent certains esprits chagrins,
toujours à la tête du progrès, s'est laissé cette fois devancer par
ses voisins, quant au soin qu'il faut apporter aux engrais pour
leur conservation et l'emploi raisonné que l'on doit en faire. On

l'a dit souvent, mais on ne saurait trop le répéter, les cultivateurs et les habitants de nos campagnes, en laissent perdre la plus grande partie, à leur détriment et à celui du pays tout entier.

Les essais de culture faits à Clichy ont parfaitement réussi, et on peut espérer que, faits sur une plus grande échelle et par les hommes du métier, les résultats en seront encore plus satisfaisants. Dès aujourd'hui, il importe de donner à ces essais beaucoup de publicité, afin d'appeler l'attention des intéressés, qui, eux aussi, pourront faire disparaître des cloaques infects en obtenant des prairies, des légumes, de beaux et bons fruits au grand avantage de populations qui en sont privées, souvent faute d'engrais.

Nous avons surtout remarqué dans les cultures de Clichy des Cardons d'une grande beauté; nous ne croyons pas même qu'il y en ait de plus beaux ailleurs en ce moment; des Salades, Scaroles et Chicorées, des Potirons, des Betteraves, des Cardes poirées, du Maïs dont la culture ne laisse rien à désirer. Quant aux Pommes de terre, la récolte en était presque complétement achevée au moment de notre visite; il ne restait en place que quelques pieds atteints de la maladie. La récolte s'est élevée à 1.512 kilogrammes pour 900 mètres carrés cultivés, défalcation faite des sujets malades. Pour les Melons, nous pouvons regarder le résultat obtenu comme un tour de force qui a pu réussir, cette année, à cause de la chaleur exceptionnelle que nous avons eue depuis le commencement de mai; mais nous pensons que, dans les années ordinaires, sous le climat de Paris, on ne pourrait guère compter sur le succès d'un tel produit. Voici comment on a procédé à la plantation des Melons : le terrain ayant été bêché à 0m 20 environ, on a étendu par-dessus 0m 15 d'épaisseur du résidu déposé dans les bassins par l'eau du collecteur. Sur cette couche de résidus on a planté les Melons, le 25 mai. Or, vous savez que le Melon demande une assez forte chaleur souterraine; on peut donc espérer, dans de telles conditions, obtenir régulièrement un résultat satisfaisant; aussi croyons-nous qu'il faudra renoncer à cette culture. Les prairies sont très-belles; elles ont été coupées cinq fois dans le courant de l'année; l'herbe y est très-touffue; on voit qu'elle contient beaucoup de principes nutritifs et qu'elle constitue une excellente nourriture pour les bestiaux.

Le terrain cultivé à Clichy contient à peu près 75 pour 100 d'argile; on peut donc considérer ce terrain comme assez froid bien que fertile et favorable à la culture. Quant à la composition chimique de l'eau du collecteur, en voici l'indication : elle contient des matières organiques et minérales, de la potasse (vingt-huit millièmes), de la soude (cent seize millièmes), de l'acide phos-phorique (treize millièmes) et de l'azote (trente-trois millièmes). MM. les ingénieurs ont dressé des tableaux où toutes ces substances sont notées avec soin pour chaque mois de l'année ; car la composition n'en est pas toujours la même. Dans les mois de mars et septembre l'eau contient plus d'azote, dans le mois d'avril plus de matières minérales, etc.

Deux procédés sont en usage pour épurer et utiliser les eaux du collecteur : dans le premier, l'eau est puisée à l'embouchure du collecteur par une machine à vapeur; on la laisse ensuite couler simplement entre les plantes que l'on a soin de disposer sur de petits talus, afin que les racines seules soient arrosées. L'eau, répandue de cette manière, filtre et laisse en dépôt sur le terrain les matières solides, lesquelles se trouvent naturellement incorporées lors du labour qui se fait en hiver, quand les plantes ou légumes ont été enlevés. Ce sont surtout des légumes que l'on cultive à Clichy.

Le second procédé consiste à épurer l'eau artificiellement, de sorte qu'on puisse s'en servir pour l'arrosement, comme cela se pratique ordinairement dans les potagers, et puis la rejeter dans la Seine, lorsqu'elle ne pourra être utilisée pour la culture; car, il faut bien le dire, ici le but que la ville de Paris veut atteindre est double : utiliser un engrais perdu, et débarrasser la Seine des eaux malsaines qu'elle reçoit aujourd'hui et dont l'effet est tel que nous avons pu remarquer une énorme quantité de gaz s'échappant de la rivière à une très-grande distance du collecteur. Le procédé est fort simple et fort peu coûteux ; le mètre cube d'eau épurée ne revient qu'à un centime ; l'agent employé est le sulfate d'alumine, dans la proportion de 200 gr. par 1.000 litres d'eau. Le mélange est effectué par un appareil très-simple. On établit un petit filet de ce réactif qui tombe au passage dans l'eau sortant du collecteur, coule avec elle et vient se mêler dans un bassin que le liquide traverse lentement pour en sortir, sinon limpide, au moins à peu près clair. L'eau qui sort ainsi contient encore une quantité assez notable d'azote, de soude, de potasse et de matières minérales; seulement, à cet état, on peut la rendre à la Seine, lorsqu'elle n'est pas utilisée, sans qu'il y ait inconvénient pour les populations du voisinage, qui aujourd'hui se plaignent beaucoup, et, il faut en convenir, avec raison.

On cesse, au bout de six semaines, d'envoyer l'eau dans le même bassin; il y en a deux afin de pouvoir alterner. Le dépôt laissé par l'eau pendant ces six semaines est de 0^m 20 environ de hauteur que l'on enlève alors pour le sécher; il constitue un très-bon engrais, que l'on peut comparer comme emploi aux résidus ou boues provenant du nettoyage de nos rues ; or, vous connaissez les beaux résultats que l'on obtient avec ces dernières matières. A Clichy on a soin d'étendre une couche de 0^m 05 d'épaisseur de ce dépôt sur tout le terrain. Lorsqu'on veut employer l'eau épurée pour les arrosements ordinaires, selon nous, il faudrait en mettre au moins le double, soit 0^m 12 ou 0^m 15 d'épaisseur.

En résumé, Messieurs, nous trouvons les deux procédés employés à Clichy bons et d'une application facile ; d'une façon comme de l'autre, le système est appelé à rendre de grands services, et l'on ne saurait trop en féliciter et remercier les personnes qui les premières ont eu l'idée de ce travail.

Cependant la Commission désire, si on veut bien l'y autoriser, suivre les cultures de l'année prochaine lorsqu'elles seront faites sur une plus grande échelle; l'eau du collecteur devant passer, à l'aide de tuyaux placés sous les trottoirs du pont de Clichy, sur la rive opposée de la plaine de Gennevilliers, on pourra faire des études plus complètes chaque mois, ou chaque quinzaine, selon la saison. Des Membres de la Commission se rendraient sur les lieux, et de cette manière apprécieraient les résultats à mesure qu'ils se produiraient. Dès lors, à la fin de l'année, nous serions édifiés sur la valeur réelle de l'engrais et sur le parti qu'il sera permis d'en tirer.

Pour terminer aujourd'hui, nous remercions MM. les ingénieurs et employés du bureau de Clichy pour l'empressement qu'ils ont mis à nous renseigner relativement à l'organisation de leurs travaux aussi bien qu'à répondre aux questions qui leur étaient adressées de tous les côtés à la fois ; car, je le répète encore, tout ce travail nous a beaucoup intéressés. Plus tard, s'il y a lieu, nous rendrons compte des faits nouveaux qui pourront se produire.

Septembre 1868.

DEUXIÈME RAPPORT

M. SIROY, Rapporteur.

MESSIEURS,

La Commission nommée au mois de septembre de l'année dernière pour visiter les cultures faites avec l'eau de l'égout collecteur, s'est réunie le samedi 10 juillet, à une heure, près de la pompe destinée à élever cette eau qui doit être ensuite répandue dans la plaine de Gennevilliers. Etaient présents : MM. Laizier, Vivet, Servant, Gauthier, Pageot et Siroy, Nous avons vivement regretté l'absence de plusieurs membres de la Commission ; heureusement comme compensation bon nombre de nos collègues ont bien voulu s'adjoindre à elle ; ce sont : MM. Jamain, Forest, Burel, Bertin, Beurdelay, Lefillieul, Ponce (Isidore) et plusieurs dont les noms ne sont pas présents à ma mémoire.

Nous avons eu l'honneur d'être reçus par MM. Mille et Durand-Claye, ingénieurs, qui ont bien voulu nous montrer tous les travaux accomplis dans le but d'utiliser l'eau infecte du collecteur. Ces travaux sont remarquables par la simplicité, le confortable et je dirai même l'art avec lequel ils ont été établis. Nous ne nous étendrons pas sur le procédé employé ; nous l'avons déjà décrit assez longuement dans le *Journal* de la Société (voyez la livraison du mois d'octobre 1868) ; une note sur ce sujet donnée par M. Durand-Claye, ingénieur des ponts et chaussées, a été aussi insérée dans la même livraison.

Les travaux pour l'installation définitive dans la plaine de Gennevilliers ont été commencés le 1er octobre 1868 ; ils sont maintenant terminés et l'exploitation a commencé à fonctionner régulièrement vers le 1er juin. Nous avons commencé en examinant les machines élévatoires qui sont de la force de 40 à 45 chevaux. Les pompes sont du système centrifuge et montent environ 500 mètres cubes à l'heure, soit de 11.000 à 12.000 mètres cubes en 24 heures. Tout le système a été fourni par M. Farcot, de St-Ouen.

Nous sommes passés rapidement dans le laboratoire qui sert à analyser les eaux. A côté se trouve un bureau bien installé où on peut se procurer tous les renseignements désirables, lesquels sont toujours donnés très-gracieusement par MM. les ingénieurs. Nous nous sommes rendus de suite à l'exploitation, en suivant les conduites de refoulement, sur le chemin de halage. Ces conduites sont en fonte et de 0ᵐ 60 de diamètre ; elles ont une longueur de 2.000 mètres ; elles passent sous les trottoirs du pont de Clichy et amènent l'eau à un réservoir en maçonnerie de 150 mètres cubes de capacité. C'est de ce bassin que l'eau s'échappe dans une rigole à ciel ouvert, pour être distribuée aux cultivateurs ; elle arrive ensuite aux bassins d'épuration, lesquels sont terminés par un mur-barrage. L'eau pénètre dans la partie la plus élevée, à peu de distance de l'endroit où elle a reçu le sulfate d'alumine par des ouvertures de la grandeur d'une brique ordinaire ; de cette façon le mélange s'opère très-bien et le précipité se fait immédiatement. L'eau sort des bassins par la partie basse, en formant cascade ; elle est alors tout à fait claire et limpide. Elle arrose une prairie d'un vert magnifique, qui fait contraste avec la plaine jaunie et brûlée qui l'entoure. Le surplus de l'eau non employée retourne à la Seine débarrassé de toute impureté. Ces bassins, cette cascade et cette prairie sont d'un effet très-joli et semblent une oasis dans le désert.

Les terrains acquis par la ville de Paris ont une étendue de 6 hectares et demi environ ; 4 hectares et demi sont livrés, par parcelles de 1.500 mètres carrés, à des cultivateurs qui les exploitent comme ils l'entendent, en arrosant à l'eau d'égout, par rigoles, et en employant les dépôts des bassins d'épuration ; 2 hectares restent pour les cultures expérimentales faites par l'administration et pour les bassins. Les concessions sont faites aux cultivateurs temporairement et à titre gratuit.

Quatre bouches vont dès aujourd'hui porter l'eau d'égout chez les cultivateurs voisins, qui font l'essai de l'irrigation sur leurs propriétés privées ; à partir du 15 juillet, ce service extérieur s'étendra sur environ 8 à 10 hectares de la plaine. Pour cette année l'eau est livrée gratis.

Nous n'entretiendrons pas aujourd'hui la Société des différentes cultures ; ce sera l'objet d'une autre visite et d'un autre Rapport. D'ailleurs M. Mille nous a fait une proposition que nous voulons vous soumettre : ce serait d'aller tous les mois ou plus souvent, si cela était nécessaire, visiter les terrains cultivés, prendre des notes et, à la fin de l'année, on distribuerait des médailles à ceux des cultivateurs dont les produits seraient jugés les plus méritants. La Commission serait heureuse de s'associer à ce projet et ferait volontiers le travail qu'on lui demande ; mais, par cela même, elle se trouverait constituer un Jury, et elle craint de dépasser en cela les pouvoirs qui lui ont été donnés par la Société ; elle vient donc aujourd'hui demander l'autorisation nécessaire.

En résumé, Messieurs, nous avons été émerveillés de notre visite ; le succès ne nous paraît pas douteux. Là où l'eau a pénétré, végétation luxuriante ; où elle n'arrive pas, au contraire, aridité très-grande : des Seigles qui ont à peine 0_m 50 de hauteur et dont la paille est maigre aussi bien que l'épi. Cela se comprend, dans un terrain siliceux qui chaque année rapporte à peine la rémunération des travaux faits par les cultivateurs.

Maintenant certaines personnes, sinon malveillantes, au moins ennemies de tout ce qui est nouveau, ont émis l'opinion qu'il y aurait danger pour l'hygiène publique dans cette masse d'engrais répandue dans la plaine. C'est une grande erreur : nous n'avons senti aucune odeur désagréable venant de l'eau qui coulait tout autour de nous ; d'ailleurs cela se comprend ; cet engrais liquide s'assimile promptement aux plantes, et les végétaux ayant la propriété de dégager de l'oxygène sous l'influence de la lumière (laquelle ne manque pas dans la plaine), ce serait donc plutôt une source d'assainissement pour les environs. Puis, que l'on pense aux gadoues de Paris qui sont enlevées chaque jour et amoncelées dans les environs, pendant plusieurs mois, avant d'être enfouies ; et aux bassins de Bondy dont les exhalaisons se font sentir jusqu'à Pantin, parfois même jusqu'à la Villette! Voilà de vrais foyers pestilentiels contre l'existence desquels on ne saurait trop s'élever. Rien de pareil n'est à craindre dans l'exploitation dont il s'agit ici. Pour finir, nous vous dirons, Messieurs, allez voir cela ; votre temps ne sera point perdu.

Juillet 1869.

TROISIÈME RAPPORT.

M. SIROY, Rapporteur.

MESSIEURS,

Ainsi que cela avait été convenu, nous nous sommes rendus, le mercredi 28 juillet, dans la plaine de Gennevilliers. Etaient présents : MM. Laizier, Burel, Servant, Moynet, Moulin aîné, Gauthier, Forest, Lefillieul, Dagorno, Pageot et Siroy.

MM. Vivet et Crémont nous ont aidés par les renseignements qu'eux seuls pouvaient nous donner ; mais ils se sont abstenus d'émettre aucune opinion, voulant à juste titre concourir aux récompenses que la ville de Paris doit distribuer, au mois d'octobre prochain. Nous avons numéroté les lots de terrain, sans nous inquiéter des noms des cultivateurs que nous connaîtrons seulement à la fin du concours.

Le n° 1, lot de plantes pour la parfumerie, nous présente des Menthes magnifiques dans une partie et très-inférieures dans l'autre. Cette dernière partie a reçu très-peu d'eau, et aucun résidu des bassins, tandis que l'autre a été abondamment pourvue de l'un et de l'autre; du reste cette différence se présente partout également; nous n'y reviendrons donc pas, afin d'éviter des répétitions inutiles.

Le n° 2 est l'un des lots les mieux cultivés. Nous y avons surtout remarqué des Choux, des Haricots, des Pommes de terre, des Fraises, de l'Oignon jaune, tout cela en très-bon état.

Le n° 3 est assez bien, mais inférieur au précédent.

Le n° 4 est à peu près semblable.

Le n° 6 de même.

Comme nous ne vous parlons aujourd'hui que des lots les plus marquants, il nous faut aller jusqu'au n° 20 qui est assez bien cultivé.

Le n° 22 également, peut-être même un peu mieux ; c'est une belle culture ; le n° 23 est un beau lot bien cultivé ; le n° 26 offre une belle culture comme le précédent ; le n° 29 est très-bien cultivé.

Le n° 30 est tout à fait remarquable ; on y voit des légumes variés, dans de très-bonnes conditions de culture.

Le n° 34 est aussi très-beau, même peut-être mieux encore que le n° 30. Le n° 36 est extra, tout à fait beau ; les légumes y sont variés, très-bien cultivés. Le n° 40 offre une très-belle culture de Navets, des Choux splendides, pesant jusqu'à 16 kilogrammes.

Pour le n° 42, il est tout à fait extra, cultivé hors ligne ; c'est ici qu'on peut juger l'engrais à sa juste valeur. Tous les produits y sont magnifiques : des Pois frais et verts comme au mois de mai, des plants d'Asperges, des Haricots à feuilles gaufrées, des Fraises. du Cerfeuil bulbeux en pleine végétation et déjà très-gros, des Pommes de terre d'une grosseur énorme, très-saines et tout à fait mûres : nous constatons avec plaisir le succès des Pommes de terre, car, l'année dernière, à Clichy, il y en a eu beaucoup de malades et nous avions craint un instant que l'eau d'égout n'en fût la cause.

Le n° 43 est aussi l'un des mieux soignés, mais moins important que le précédent ; nous y avons surtout remarqué des Flageolets de Hollande de toute beauté, bien plus garnis de cosses que ceux à feuilles gaufrées qui se trouvent dans le lot à côté. Le n° 45 est planté de jeunes arbres de différentes essences. La plupart de ces arbres étaient malades, il y a un mois ; ils sont maintenant en assez bon état, grâce à l'eau et aux bons soins qu'on leur a donnés.

Voilà ce que nous avions à vous dire sur l'ensemble ; nous constatons donc que, partout où la culture a été bien faite, on a obtenu de très-bons résultats. Malheureusement quelques lots sont mal ou même pas cultivés : on a semé, planté sans soins et sans intelligence. Nous espérons qu'en présence des succès obtenus par leurs voisins, ceux qui ont cultivé de la sorte soigneront mieux le terrain qui leur est confié et qu'à l'avenir nous n'aurons que des louanges à donner à tout le monde.

Il nous reste à vous parler des parties entretenues par l'Administration elle-même. D'abord, à partir du réservoir jusqu'aux bassins, tout le long de la rigole, on a établi, à un mètre cinquante en contre-bas, une plate-bande plantée d'arbres fruitiers de différentes essences, puis sur le devant toutes sortes de fleurs variées, telles que *Pelargonium*, Réséda, *Aster*, Pétunias, etc. Les Pétunias surtout sont nombreux et d'un coloris magnifique; on voit qu'ils sont bien nourris. Tout cela est très-propre, très-soigné, d'un joli effet et égaye la vue au milieu de ces légumes que nous apprécions bien à leur valeur, mais qui, par leur nature, offrent beaucoup de monotonie.

Une autre partie, près des bassins, est réservée aux légumes. Le tout est bien cultivé et en fort bon état; nous y avons même vu un très-beau Melon dont le parfum nous donnait la tentation de ne pas nous en tenir à le regarder; mais nous avions autre chose à faire. Cette partie, nous vous l'avons dit, est dans de très-bonnes conditions de culture; seulement là on a fait des couches; on a dû employer du fumier, et dès lors on y est un peu sorti du programme; il est vrai que cela n'a pas d'importance, l'administration se mettant en dehors du concours; seulement on a voulu montrer ce que l'on pouvait faire dans une plaine aride, avec quelques brouettes de fumier et de l'eau d'égout; eh bien, c'est tout simplement magnifique.

Voilà, Messieurs, le résumé de notre dernière visite. Nous vous tiendrons toujours au courant; mais, comme la dernière fois, nous dirons : venez voir, à ceux qui ne sont pas encore venus. Personne ne doit rester indifférent à ces travaux.

Août 1869.

QUATRIÈME RAPPORT.

M. SIROY, Rapporteur.

Messieurs,

La Commission nommée l'an dernier pour étudier les cultures faites avec l'eau d'égout s'est réunie, samedi dernier, 9 octobre, dans la plaine de Gennevilliers. Etaient présents : MM. Laizier, Pageot, Gauthier, Lefillieul, Servant, le docteur Parnot, Fromentin, Moynet et Siroy. Plusieurs de nos collègues se sont adjoints à nous, comme les autres fois ; ce sont : MM. Louesse, Gontier, Courtois-Gérard, Burel, Forest, Darche, Cormiol, Allazi, Gaudenzi, Martin, Cosnard, Lefèvre Durchon. Cette fois on n'avait pas à apprécier la valeur de l'engrais ; on sait parfaitement à quoi s'en tenir maintenant ; le but de cette visite était de constater définitivement quels étaient ceux des cultivateurs qui avaient su le mieux en tirer parti. En première ligne nous avons placé le n° 42. Cela ne surprendra personne quand on saura que ce lot avait été confié aux soins de M. Vivet. Cet habile jardinier a donné depuis longtemps des preuves de son savoir-faire. Tous les produits de ce lot n'ont cessé d'être magnifiques pendant toute la saison. Le n° 30, cultivé par M. Fercot, lot d'une grande superficie, a donné de très-beaux résultats pendant tout l'été ; le n° 36, cultivé par M. Loret, était un des beaux lots ; le n° 34, cultivé par M. Pigeon, est très-bien soigné ; le n° 2, cultivé par M. Nazé, a été trouvé aussi toujours en très-bon état ; enfin le n° 40, cultivateur M. Félix, a été aussi regardé comme l'un des mieux tenus ; MM. Fercot, Loret, Pigeon, Nazé et Félix viennent donc en seconde ligne après M. Vivet. Les cultivateurs les plus méritants après ceux que nous venons de signaler, sont MM. Chaperon, Crémont père, Masselin, Haudoyer, Chapelin, Crochot, François, Escoignard ; ces messieurs ont très-bien cultivé les lots qui leur ont été livrés dans la plaine ;

il ne faut pas oublier que, n'étant pas habitués à l'emploi de cet engrais, ils ont dû chercher, modifier leur mode habituel de culture ; or, ils ont parfaitement réussi. Quant aux autres lots, il y en a encore bien quelques-uns qui ne sont pas sans mérite ; mais l'on n'a voulu récompenser que ceux qui étaient vraiment les plus dignes et dont les produits n'ont cessé d'être abondants et de bonne qualité.

Nous sommes allés ensuite visiter les cultures faites dans la partie réservée pour l'Administration. Elles ont été, toute la saison, et sont encore en ce moment parfaitement soignées. Nous regrettons que le jardinier de la Ville, le sieur Pourteau, soit placé hors concours, car il lui a fallu bien des soins et un travail bien entendu pour avoir en si peu de temps établi un jardin dans une plaine aussi aride que celle de Gennevilliers. Sur nos instances, MM. les Ingénieurs ont autorisé la Commission à proposer qu'une récompense spéciale soit allouée au sieur Pourteau pour la bonne tenue de son jardin, pour l'habileté avec laquelle il l'a disposé, aussi bien que pour la beauté des légumes qu'il a récoltés tout l'été.

Voulant nous rendre compte ensuite du résultat de l'irrigation dans la plaine, nous avons arraché, dans le champ voisin, dont une partie avait été arrosée, tandis que l'autre ne l'avait pas été, 2 Betteraves jaunes, qui, prises dans la première partie, pesaient ensemble 16 kilog., tandis que 2 autres dans la partie non irriguée (*et nous avons choisi les plus grosses*) ne pesaient que 5 kilog. Pour les rouges la différence était plus grande encore ; dans la partie irriguée, deux pesaient 21 kilog., et les 2 autres, prises dans la partie du champ privée d'eau d'égout, atteignaient seulement 4 kilog. Nous avons constaté un fait qui nous confirme une fois de plus que c'est bien à l'engrais que les Betteraves doivent cette grosseur extraordinaire ; n'ayant de nourriture qu'à la surface du sol, elles sont à peine enracinées à cinq centimètres, et en dehors elles ont une élévation de 0ᵐ 60 à 0ᵐ 65.

Ce champ est cultivé par M. Delpeut, d'Asnières. On peut vérifier nos assertions ; on verra que nous sommes au-dessous de la vérité ; car, en quittant le champ, nous avons trouvé des Betteraves plus grosses que celles qui avaient été pesées. Pour les Pommes de terre, nous avons eu un résultat à peu près semblable : six touffes arrosées de Pommes de terre Chardon ont donné 14 kilog. 500 ; six touffes de la même variété non arrosées n'ont donné que 1 kilog. 500.

Maintenant, Messieurs, nous pouvons résumer les travaux de la Commission : depuis 15 mois, elle s'est livrée à l'étude que vous lui avez demandée ; elle a rempli sa tâche avec plaisir ; toujours unanime dans ses appréciations, toutes les visites successives faites sur les terrains n'ont fait que confirmer l'opinion émise par elle tout d'abord, c'est-à-dire que l'on peut obtenir de beaux produits agricoles et horticoles par l'emploi d'une matière non-seulement perdue, mais qui est encore une source de miasmes et de gaz délétères très-funestes près d'un centre de population comme Paris ; aussi la Commission fait-elle des vœux pour que la ville puisse donner une extension plus grande à la distribution des eaux infectes qui font la désolation des habitants des bords de la Seine ; bords charmants et fleuris, chantés par les poëtes de tous les temps ; mais ceux qui, comme nous, ont vu l'embouchure de l'égout collecteur diront : les poëtes n'ont point passé par là.

Octobre 1869.

II. EXTRAITS DES PROCÈS-VERBAUX DES SÉANCES

27 *août* **1868.** — Les objets suivants sont déposés sur le bureau :

Par M. Mille, ingénieur en chef, et Alfred Durand-Claye, ingénieur ordinaire des ponts et chausées ; au nom de l'Administration municipale, une collection de *légumes* obtenus à la suite d'arrosements faits avec les eaux de l'égout collecteur.

M. Mille expose à la Compagnie les résultats importants obtenus par l'administration dans l'emploi des eaux d'égout à l'irrigation des terres. La Commission nommée pour étudier cette question, et présidée par M. Dumas, a cherché d'abord à séparer les produits organiques renfermés dans les eaux qu'il s'agissait d'utiliser. Elle a eu recours pour cela au sulfate d'alumine, qui précipite immédiatement ces produits et rend les eaux parfaitement limpides. Ce procédé a été expérimenté sur une échelle suffisante, dans la plaine de Clichy, dans un terrain en pente, situé près des bords de la Seine, à l'aide d'une machine à vapeur qui s'emparait des eaux apportées par le grand égout collecteur et qui envoyait par jour 500 mètres cubes d'eau sur la partie la plus élevée du terrain. Une partie de cette eau se rendait dans des bassins où elle était soumise à l'épuration par le sulfate d'alumine, l'autre dans des rigoles où elle était directement et en totalité absorbée par le sol. On a vu que l'on pouvait de cette manière épurer l'eau au prix d'un centime par mètre cube, et envoyer dans la Seine une eau limpide, dont les éléments fertilisants avaient été en partie soustraits pour rester à l'état d'engrais solide. On obtient ainsi 2 kil. de dépôt par mètre cube ; mais on n'a pas tardé à s'apercevoir que l'azote existant dans les eaux d'égout n'était pas enlevé en entier pour la culture, et qu'il en disparaissait une partie restée dans l'eau sous forme de combinaison soluble, ainsi que des alcalis et de l'acide phosphorique. Il a donc été reconnu que comme engrais il valait mieux employer l'eau noire. Avec le système d'irrigation usité, on a obtenu des prairies artificielles, des Pommes de terre, des Haricots, des Tomates, des Melons, des carrés considérables de Rosiers de Provins. Des échantillons très-satisfaisants de ces produits viennent d'être mis sous les yeux des Comités, et ceux qui sont envoyés journellement à la Halle, y ont, sur le marché, un bon prix. On va faire prochainement la cinquième coupe des prairies. Bien entendu, aucun atome de fumier n'a été employé dans ces cultures, qui ont été faites sur un terrain défavorable, composé uniquement de gravier argileux. Dans ce gravier on a disposé par couches le dépôt obtenu par l'épuration des bassins, et on a arrosé avec l'eau noire. Les résultats ont été excellents. Actuellement, dit M. Mille, l'Administration s'occupe d'appliquer les eaux d'égout à la culture agricole de l'autre côté de la Seine, sur la commune de Gennevilliers. Le conseil municipal, dans cet intention, a accordé huit cent mille francs pour exécuter des travaux qui permettront de conduire, d'une rive à l'autre de la Seine, de cinq à dix mille mètres cubes d'eau par jour; une fois ces travaux réalisés, l'entreprise sera remise directement dans les mains des cultivateurs.

M. Andry remercie vivement M. Mille de son intéressante communication. Il dit que, dans la ville d'Aix-les-Bains, un système analogue a été mis en pratique, bien qu'à l'aide de moyens plus rudimentaires. Dans cette ville, il n'existe pas de fosses d'aisances ; les matières sont entraînées dans des canaux communs où se rendent également les eaux des gouttières et le tout est entraîné dans les environs pour servir à l'irrigation des prairies artificielles qui étaient demeurées, cet été, parfaitement vertes malgré les plus fortes chaleurs ; le surplus tombe dans le lac du Bourget.

M. Rouillard craint que l'emploi de procédés semblables ne nuise à la qualité des produits obtenus. Il rappelle que les Vignes de Château-Laffitte, jadis au premier rang parmi les vignobles français, étaient descendues au 4e rang, parce qu'on les avait fumées avec de l'engrais, qui peut communiquer au vin un goût désagréable.

MM. Cottu, Pépin, Chevalier, Laizier et d'autres Membres citent un grand nombre de faits qui prouvent que l'emploi de la poudrette et des engrais les plus adorants n'a aucune influence sur la qualité ni sur le goût des produits que l'on en obtient.

M. Forney dit que cette question a été souvent discutée ; qu'il importe de distinguer entre l'action des engrais introduits par le sol dans les plantes, et qui, modifiés par la séve et par différentes actions chimiques, ne sauraient communiquer au parenchyme des organes aucune odeur désagréable, et l'action des particules organiques, qui portées par le vent, à l'état de poussière, sur la surface des fruits, leur peuvent communiquer un goût fort désagréable, puisqu'elles n'ont subi aucune modification.

M. Pépin fait observer que certaines eaux peuvent avoir sur la végétation un effet fâcheux ; il cite les eaux de la Bièvre, où l'industrie des mégissiers introduit des acides et du tannin, et avec lesquelles ont ne peut cultiver que des choux ; elles ne conviennent point aux Melons, ni aux légumes à feuilles tendres.

M. Laizier dit qu'à Ivry il a vu l'eau d'un puits réellement empoisonnée par les résidus acides d'une frabrique d'acide stéarique.

M. Bouchard-Huzard dit qu'il y a lieu de distinguer les arrosages par imbibition à travers le sol, d'avec ceux par aspersion ; par ce dernier procédé, il arrive parfois qu'il se dépose sur les produits des gouttelettes de liquide qui leur communiquent de mauvaises saveurs ; il insiste sur l'importance des essais faits par MM. les ingénieurs de la ville de Paris, non-seulement au point de vue de la salubrité publique, mais encore à celui de la production horticole ; la Société doit remercier M. Mille et ses collègues, et encourager leurs efforts. Une Commission spéciale est nommée pour suivre ces essais et en rendre compte à la Société.

28 *avril* 1869. — M. Duchartre présente à la Compagnie, de la part de MM. Mille et A. Durand-Claye, un travail important que ces deux ingénieurs viennent de publier sous le titre suivant : Service municipal des travaux publics ; Service d'essai des eaux d'égout ; Compte rendu des essais d'utilisation et d'épuration ; par MM. Mille, ingénieur en chef des ponts et chaussées, et

A. DURAND-CLAYE, ingénieur des ponts et chaussées. Cette intéressante publication, qui a pour objet de faire connaître les résultats obtenus jusqu'à ce jour relativement à une question dont la Société s'est déjà préoccupée (voyez le *Journal*, notamment 2° série, II, 1868, pp. 607-611), comprend un texte in-4° autographié de 117 pages et un atlas de 7 planches en format in-folio oblong. Il expose en texte et figures, telles que profils, plans et tracés graphiques, tous les documents relatifs à la quantité d'eau noire fournie par l'égout collecteur aux différentes époques de l'année et même aux diverses heures de la journée, à la composition de cette eau et de son dépôt, à la masse de terreau qu'elle laisse, aux effets qu'elle produit sur les plantes cultivées auxquelles elle est donnée comme engrais. — De vifs remerciements sont adressés par M. le Président, au nom de la Société, aux deux auteurs de cet ouvrage.

13 *mai* 1869. — M. Ponce (Isidore) place sous les yeux de la Compagnie deux bottes de Carottes fort dissemblables, les unes petites et fort médiocrement venues, les autres aussi belles que toutes celles que donne la meilleure culture parisienne. Il explique cette différence tranchée parce que les premières ont été cultivées dans une terre engraissée seulement avec le dépôt que donne l'eau noire de l'égout collecteur de Paris, tandis que les dernières sont venues dans un terreau de couches. Il croit pouvoir conclure de là que le dépôt des égouts de Paris est un mauvais engrais.

M. Vivet, père, combat cette conclusion. On sait très-bien, dit-il, que les Carottes de primeur ne viennent bien que dans le terreau de couches; il n'y a donc rien à conclure de cette expérience quant à la valeur comme engrais du dépôt de l'eau d'égout qu'on sait très-bien pouvoir engraisser notamment les terres, dont on commence à tirer bon parti, et dont on espère beaucoup plus encore qu'on n'a pu en obtenir jusqu'à ce jour.

27 *mai* 1869. — Après la lecture du procès-verbal, M. A. Durand-Claye, ingénieur attaché aux travaux que poursuit l'administration municipale en vue d'utiliser les eaux des égouts de Paris, dit qu'il doit offrir publiquement des remercîments à M. Vivet, père, pour avoir répondu aux critiques dirigées par un Membre

de la Société, dans la dernière séance, contre les essais qui ont été déjà faits dans cette direction et contre les résultats obtenus jusqu'à ce jour, même contre ceux que promet l'avenir.

Les objets suivants ont été déposés sur le bureau : par M. Vivet, amateur à Asnières (Seine), différents produits maraîchers venus dans une terre qui a été engraissée avec l'eau des égouts de Paris, ou avec le dépôt de ces eaux ; ce sont: deux *Choux* d'York, deux *Laitues* Palatine, des *Pois* nains de Hollande, des *Oignons* blancs, de l'*Oseille* de 4° coupe, des *Fraises* Marguerite Lebreton, enfin du *Cerfeuil* bulbeux. Ces divers produits proviennent du jardin d'essai de la Ville.

M. Vivet donne de vive voix quelques détails sur le jardin d'essai créé récemment par l'Administration municipale, ainsi que sur les résultats qu'on y obtient. Afin de mieux reconnaître l'action fertilisante de l'eau noire des égouts et du terreau qu'elle dépose, l'Administration municipale a fait l'acquisition d'un champ complètement épuisé par une culture sans fumier et dans lequel un fermier en était venu jusqu'à ne pouvoir plus obtenir même de maigres récoltes d'avoine. Cette terre a été labourée profondément, après quoi on y a mélangé le dépôt de l'eau d'égout. On voit que les produits qu'on en obtient dès cet instant sont comparables à ceux que donne la culture maraîchère courante, tandis que précédemment il est certain qu'on n'aurait pu rien retirer de ce sol épuisé. L'établissement de ce jardin d'essai municipal, l'arrivée de l'eau d'égout et les dispositions prises pour qu'elle puisse être distribuée dans les environs d'Asnières, ont donné lieu, dans un court espace de temps, à la formation sur ce point d'une véritable colonie horticole dont les travaux ont essentiellement pour objet d'utiliser toutes les matières que les eaux des égouts emportent de la surface entière de Paris et apportent ensuite à l'extrémité du grand collecteur.

M. A. Durand-Claye ajoute de nouveaux détails sur ce même sujet. Il rappelle les deux procédés qui sont suivis pour l'utilisation de ces eaux : dans l'un, la terre étant formée en billons par de grands sillons ou rigoles, on remplit ces sillons avec l'eau noire qui y abandonne son dépôt fertilisant ; dans l'autre, on amène l'eau surabondante ou non employée en irrigations, dans de grands

bassins où elle laisse son dépôt dont la précipitation est favorisée par l'addition d'une proportion déterminée de sulfate d'alumine.
— Les maraîchers composant la colonie horticole dont vient de parler M. Vivet ne se livrent qu'à la culture potagère ; mais d'autres personnes ont fait avec succès des essais pour la culture des plantes d'agrément ou industrielle. Ainsi, M. Chardin-Hadancourt, parfumeur bien connu, a cultivé de la Menthe poivrée qui a bien végété et qui s'est montrée fort riche en parfum. M. Durand-Claye met sous les yeux de la Compagnie un bouquet de Menthe obtenue dans ces conditions. Il est donc déjà démontré que l'engrais fourni par les eaux d'égout est favorable à la végétation de plantes diverses.

M. Forest annonce qu'il se propose d'en essayer l'effet sur les arbres fruitiers, afin de compléter l'expérience.

Les présentations qui viennent d'être énumérées motivent plusieurs demandes de récompenses. — 1° Le Comité de Culture potagère demande qu'une prime de 3° classe soit donnée à M. Vivet pour l'ensemble de son lot de légumes, etc....

22 juillet 1869. — Les objets suivants ont été déposés sur le bureau par M. Vivet, des *produits potagers* très-divers obtenus sur des terres engraissées, soit avec l'eau noire qui sort de l'égout collecteur de Paris, soit avec le dépôt que laisse cette même eau. Ce sont, entre autres : des Pommes de terre Marjolin et Kidney, des Haricots de deux sortes, des Choux et en particulier de très-beaux Choux-Raves et des Choux-Nantais, des Fraises, etc.

A l'occasion de cette intéressante présentation, qui montre les bons effets que peut produire l'eau des égouts de Paris sur la végétation des plantes potagères, MM. Siroy, Durand-Claye, et Vivet donnent de vive voix à la Compagnie de nouveaux renseignements à l'appui de ceux qui ont été reproduits dans les procès-verbaux de plusieurs séances antérieures. M. Siroy, en particulier, rend compte de la visite qui vient d'être faite par une Commission de la Société impériale et centrale d'Horticulture de France aux diverses terres soumises à des arrosements avec l'eau des égouts. Toutes les personnes qui composaient cette Commission, et celles en assez grand nombre qui s'étaient jointes à elles, ont été très-satisfaites des résultats obtenus et ont été frappées de la beauté des produits venus sous l'action du nouvel engrais. Même, fait observer M. Siroy, M. Ponce (Isidore), qui, dans une séance de cette année, avait pris la parole dans le but de combattre ce qui avait été dit relativement aux bons effets de l'eau d'égout, a dû se rendre à l'évidence et reconnaître qu'on peut obtenir de beaux et bons produits potagers par l'emploi du liquide que la ville de Paris versait, jusqu'à ces derniers temps, dans la Seine au grand détriment des riverains du fleuve au-dessous d'Asnières, et dont l'Administration municipale, grâce aux travaux de MM. les ingénieurs Mille et A. Durand-Claye, a pu songer dans ces derniers temps à tirer un parti avantageux.

Les diverses présentations qui viennent d'être énumérées motivent de nombreuses demandes de récompenses. — 1º Le Comité de Culture potagère demande que M. Vivet reçoive une prime de 2º classe pour l'ensemble des objets qu'il a présentés, etc.

12 *août* 1869. — M. Vivet rend compte d'une visite que S. M. l'Empereur vient de faire tout à fait incognito à la colonie horticole d'Asnières, afin de reconnaître par Elle-même les résultats que donne la culture des légumes avec l'emploi des eaux d'égout. Sa Majesté a daigné témoigner une vive satisfaction et a bien voulu accepter pour sa table une assez grande quantité de légumes divers ainsi obtenus.

M. A. Durand-Claye, l'un des ingénieurs de la ville de Paris qui dirigent les travaux faits en vue d'utiliser les eaux d'égout, remercie la Société et la Commission spéciale nommée par elle, dont un Rapport sera présenté dans la prochaine séance, pour le puissant secours qu'elles ont prêté aux directeurs de ces travaux dont le but a une haute importance, puisqu'ils ne tendent à rien moins qu'à la fertilisation de 2.000 hectares dont on n'obtient aujourd'hui que de fort maigres récoltes de céréales.

26 *août* 1869. — Les objets suivants ont été déposés sur le bureau par M. Vivet, père, un lot de *Légumes* variés obtenus par la colonie horticole qui s'est établie sur les terres soumises à des irrigations avec l'eau des égouts de Paris.

Les présentations qui viennent d'être indiquées motivent plusieurs demandes de récompenses. — 1º Le Comité de Culture potagère demande une prime de 2º classe pour M. Vivet dont les beaux légumes montrent une fois de plus les excellents effets de l'eau noire qui sort des égouts de Paris.

28 *oct.* 1869. — Les objets suivants ont été déposés sur le bureau :

1° Par M. Vivet, des produits potagers très-divers et tous d'une rare beauté, obtenus à l'aide de l'eau d'égout, à la colonie horticole d'Asnières. Ce sont : des *Patates*, rose d'Argenteuil et blanche ronde, des *Pommes de terre* de deux sortes, des *Choux* de quatre variétés, une botte de *Carottes* demi-longues, une botte de *Scorsonères*, une botte d'*Artichauts* et des *Tomates* grosses.

4° Par M. Pourteau, l'un des jardiniers de la colonie horticole d'Asnières, des produits potagers obtenus avec l'aide des eaux d'égout et tous fort beaux. Ce sont : un énorme *Cardon*, de la *Poirée* à carde, un *Potiron* jaune et de très-grosses *Pommes de terre* rondes jaunes.

Les présentations qui viennent d'être énumérées motivent plusieurs demandes de primes. — 1° Le Comité de Culture potagère demande que la Société veuille bien accorder une prime de 1re classe à M. Vivet, en faveur de qui il regrette de ne pouvoir disposer d'une récompense plus élevée ; une prime de 2e classe à M. Pourteau.

11 *novembre* 1869. — M. le Secrétaire-général procède au dépouillement de la correspondance qui comprend les pièces suivantes :

Une lettre signée de MM. Mille et Durand-Claye, ingénieurs des ponts et chaussées du service municipal, relative aux essais de culture potagère faite à l'eau d'égout, dans la plaine de Gennevilliers. Les auteurs de cette lettre écrivent que, pour couronner l'œuvre de cette année et pour encourager les horticulteurs qui ont pris part à cette grande expérience, l'Administration municipale désire que la Société impériale et centrale d'Horticulture, dont une Commission a suivi avec un intérêt soutenu les travaux exécutés depuis le commencement de la belle saison et a consigné dans plusieurs Rapports les résultats de ses observations, décerne à ceux de ces horticulteurs qui ont su obtenir les succès les plus complets, des médailles de divers ordres, dont elle ferait la répartition et dont la ville de Paris supporterait les frais. « Nous ne pouvons, écrivent-ils encore, qu'exprimer une fois de plus notre reconnaissance à la Société d'Horticulture et à la Commission nommée par elle pour l'intérêt qu'elles ont constamment porté à l'œuvre que nous poursuivons. Si nous pouvions compter partout sur la même sympathie et la même intelligence, nous arriverions bien vite à notre but : assainissement et fertilisation de cette partie de la banlieue. »

M. le Secrétaire-général apprend à la Compagnie que le Consei. d'Administration, dans sa séance de ce jour, a adopté la proposition faite par MM. les Ingénieurs ; que dès lors la Commission des Récompenses devra se réunir prochainement pour statuer sur les propositions faites par la Commission spéciale ; enfin que les médailles ainsi décernées seront distribuées pendant la séance solennelle de distribution des récompenses qui aura lieu après l'Exposition tenue par la Société en 1870.

« La Commission des Récompenses, adoptant les propositions
» de la Commission spéciale, a arrêté ainsi qu'il suit la liste des
» distinctions accordées aux cultivateurs du Jardin d'essai de la
» ville de Paris : »

1. MM. VIVET (Jean-Charles). . . .	Médaille d'or.
2. FERCOT (Charles-Théophile). .	
3. LORET (Hippolyte)	
4. PIGEON (Pierre).	Médaille d'argent.
5. FÉLIX.	
6. NAZÉ (Joseph).	
7. CHAPRON (Isidore).	
8. CRÉMONT, père.	
9. MASSELIN (Constant-Auguste). .	
10. HAUDOYER (René-Jean). . .	Mention honorable.
11. CHAPELAIN.	
12. CROCHOT (Alfred). . . .	
13. FRANÇOIS.	
14. ESCOIGNARD.	
15. POURTEAU, jardinier de l'Administration.	Médaille d'argent.

Paris. — Imp. de E. DONNAUD, rue Cassette, 1.

UTILISATION

DES

EAUX D'ÉGOUT

DE LA VILLE DE PARIS

Rapports et Extraits des Procès-Verbaux des Séances.

DEUXIÈME FASCICULE.

PARIS

IMPRIMERIE DE E. DONNAUD

9, RUE CASSETTE, 9

—

1876

I. RAPPORTS

1o RAPPORT

DE LA COMMISSION DES RÉCOMPENSES.

Séance du 25 novembre 1869.

Le 25 novembre 1869, à une heure et demie, la Commission des récompenses se réunit, sous la présidence de M. Pépin, l'un des vice-présidents honoraires de la Société, afin de statuer sur les propositions de récompenses qui ont été formulées par la Commission chargée de suivre et juger ensuite, quant à leur mérite relatif, les cultures partagées faites avec l'aide des eaux noires du grand égout collecteur.

Sont présents : MM. Pepin, Président ; Bouchard-Huzard, se-crétaire général ; Chauvière, Cottu, Durand aîné, O'reilly, Pi-geaux, membres de la Commission des récompenses ; Boucher, Laizier, Robine, présidents des comités, adjoints à la Commis-sion en cette qualité ; Moras, trésorier ; Duchartre, secrétaire-rédacteur, remplissant les fonctions de secrétaire en vertu du règlement.

M. Courtois-Gérard est seul absent. M. le premier vice-pré-sident Brongniart assiste à une partie de la séance et prend part à la discussion.

M. le Président expose que la Commission spéciale, après avoir suivi, pendant toute cette année, les cultures exécutées dans la plaine de Gennevilliers avec emploi de l'eau d'égout et en avoir constaté les résultats, à mesure qu'ils étaient obte-nus, a proposé de décerner, avec l'assentiment et le concours de l'administration municipale, des récompenses de trois degrés aux cultivateurs qui ont le mieux réussi dans ces travaux en-tièrement nouveaux ; le troisième et dernier rapport de cette

Commission, dans lequel étaient formulées ces propositions, a été lu, dans la dernière séance à la Société, qui en a approuvé les conclusions. Ces propositions consistent à décerner :

1° Une médaille d'or à M. Vivet (Jean-Charles) ;

2° Six médailles d'argent aux jardiniers dont voici les noms, rangés par ordre de mérite, d'après la somme des points qui leur avaient été attribués dans les jugements successifs : MM. Fercot (Charles-Théophile), Loret (Hippolyte), Pigeon (Pierre), Félix, Nazé (Joseph), Pourteau ; 3° huit mentions honorables à tout autant de cultivateurs dont les noms suivent rangés dans l'ordre que leur assignent les appréciations de la Commission : MM. Chapron (Isidore), Crémont père, Masselin (Auguste), Audoyer (Réné-Jean), Chapelin, Crochot (Alfred), François, Escoignard.

La Commission des récompenses, après avoir reçu diverses informations de la bouche de M. Laizier, l'un des membres de la Commission spéciale, a cru devoir sanctionner de son vote les propositions qui lui étaient soumises. En conséquence elle décerne :

Une médaille d'or à M. Vivet ;

Six médailles d'argent à MM. Fercot, Loret, Pigeon, Félix, Nazé, Pourteau ;

Huit mentions honorables à MM. Chapron, Crémont père, Masselin, Haudoyer, Chapelin, Crochot, François, Escoignard.

Ces décisions ont été ultérieurement soumises au Conseil d'administration qui, en les approuvant, leur a donné force de loi.

2° COMPTE RENDU

DES TRAVAUX DE LA SOCIÉTÉ IMPÉRIALE ET CENTRALE D'HORTICULTURE DE FRANCE EN 1869 (*Extrait*).

Un nouveau système de culture, dans lequel l'eau des égouts de Paris et ses résidus servent d'engrais, ayant été essayé par l'administration municipale sur des terres à peu près stériles, dans la plaine de Gennevilliers, une Commission nombreuse formée dans le sein du Comité de culture potagère, a été chargée d'en suivre pas à pas la mise en pratique et les résultats. Organe de cette Commission, à laquelle se sont adjoints pour toutes ses opérations, plusieurs autres membres de notre Société, M. Siroy vous a soumis trois rapports successifs dans lesquels ont été mis en pleine lumière les beaux résultats de ces essais. Vous avez même eu sous les yeux, dans plusieurs de vos séances, de magnifiques produits potagers obtenus dans ces conditions toutes nouvelles.

Signé : DUCHARTRE,
Membre de l'Institut, Secrétaire-Rédacteur de la Société.

---

3 RAPPORT

SUR LES TRAVAUX DU COMITÉ DE CULTURE POTAGÈRE EN 1869
(*Extrait*).

Une seule prime de première classe a été donnée à M. Vivet pour un apport de très-beaux légumes variés, venant de la plaine de Gennevilliers; cet horticulteur a obtenu en outre deux primes de deuxième classe et une troisième pour des légumes de la même provenance.

Signé : SIROY, rapporteur.

4° LETTRE

AU DÉLÉGUÉ DU GOUVERNEMENT A L'ADMINISTRATION DU DÉPARTEMENT DE LA SEINE ET AU MINISTRE DE L'AGRICULTURE ET DU COMMERCE.

Janvier, 1871.

Monsieur le Délégué,
Monsieur le Ministre,

La Société centrale d'horticulture de France prend la liberté d'appeler votre bienveillante sollicitude sur une question qui mérite aujourd'hui plus que jamais l'attention de l'administration municipale.

Les eaux des égouts de Paris, chargées des détritus de toute sorte qu'elles ont ramassés sur les voies publiques et dans les maisons particulières, constituent un riche engrais, qui va se perdre dans la Seine à Asnières et à St-Denis, en anéantissant la matière fertilisante et infectant au loin les rives du fleuve. Depuis deux ans, des essais sur l'utilisation agricole de ces eaux ont été tentés à Clichy et dans la plaine de Gennevilliers. La Société d'horticulture a suivi ces essais avec une attention soutenue, attestée par les rapports et les procès-verbaux ci-joints; pour elle, la démonstration est faite; un sol aride a été transformé en quelques mois en une terre des plus riches; des légumes vraiment magnifiques ont été soumis à l'appréciation de notre Comité des cultures potagères et mérité sa constante approbation; dans de nombreuses visites faites par nos commissions sur les lieux, aucun inconvénient n'a pu être constaté au point de vue de la salubrité, et la Société a vu avec plaisir un grand nombre de cultivateurs de la plaine adopter sans crainte l'emploi des eaux d'égout pour la culture de leurs terres. La guerre, avec ses malheurs, est venue porter le trouble dans une opération qui se développait chaque jour; la Société d'horticulture regretterait profondément que l'administration municipale s'arrêtât au moment de la paix dans l'heureuse voie suivie jusqu'ici. Il reste deux mille hectares de terres stériles à fertiliser dans la presqu'île de Gennevilliers; il reste un vaste et splendide jardin maraîcher à créer en ce point, à la porte de la capitale; il reste en même temps, par l'utilisation même des détritus d'égout, à réparer une injustice commise au détriment des riverains, qui de Clichy à Argenteuil et Marly ont vu subitement altérer les eaux dont ils avaient la libre jouissance.

Au moment où l'alimentation publique va présenter de hautes difficultés pour plusieurs années, au moment où le bien-être des classes nécessiteuses va réclamer l'intérêt de tous, la Société a pensé que vous voudriez comme elle, Monsieur le Délégué, sauvegarder une branche précieuse de fortune pour notre malheureuse banlieue et que vous prêteriez votre intelligent appui à une œuvre qui est à la fois une réparation et un bienfait pour les communes nord du département de la Seine.

C'est dans cette pensée, Monsieur le Délégué, que dans sa dernière séance, la Société a émis le vœu suivant, qu'elle soumet à votre haute appréciation :

La Société centrale d'horticulture de France,

Vu les essais faits par la ville de Paris pour l'utilisation des eaux d'égout ;

Vu les rapports de ses commissions et les présentations de produits divers, spécialement de légumes ;

Vu la perturbation apportée dans les cultures de la banlieue par l'invasion,

Émet le vœu que l'Administration municipale continue et développe l'utilisation agricole de ses eaux d'égout, et étende les bienfaits de cette utilisation à toute la presqu'île de Gennevilliers, en assurant ainsi l'assainissement de la Seine.

Le vice-président de la Société.

Signé : AD. BRONGNIART, de l'Institut.

5° COMPTES RENDUS

DE L'EXPOSITION TENUE PAR LA SOCIÉTÉ CENTRALE D'HORTICULTURE DE FRANCE DU 10 AU 14 AOUT 1875 (*Extraits*).

I.. — SECTION DES FRUITS

Par **M. Buchetet**.

M. Forest nous a montré, par une belle collection de Poires et de Pommes, que le genre de culture par l'eau d'égout, employée à la colonie d'Asnières, n'est pas moins favorable aux fruits qu'aux légumes et aux plantes, et qu'il faut que certaines personnes soient dotées d'un palais tout autrement conformé que celui du commun des mortels, pour retrouver dans la pulpe des fruits ainsi cultivés le goût de l'eau bienfaisante qui fortifie les arbres.

6º COMPTES RENDUS

DE L'EXPOSITION TENUE EN AUTOMNE PAR LA SOCIÉTÉ CENTRALE
D'HORTICULTURE DE FRANCE (*Extraits*).

II. — SECTION DES LÉGUMES

Par **M. Siroy**.

Nº 8. M. Joliclerc : Lot de beaux légumes de saison cultivés
dans la plaine de Gennevilliers, à l'aide de l'eau d'égout, tous
ces produits sont très-beaux.

Nous remarquons surtout des Cardons très-forts, sept variétés
de Choux, des Choux-fleurs, des Radis noirs et gris, des Betteraves d'un volume énorme, le tout en très-bonne culture.
Quelques produits ne faisant pas partie des plantes potagères
étaient là pour démontrer la puissance de l'eau d'égout, tels
que du Chanvre, du Lin très-grand, des Roseaux (*Arundo
Donax*) de quatre mètres de hauteur. Ce lot a obtenu une médaille de vermeil.

Nº 9. Ce lot a été exposé par l'administration des eaux de
Gennevilliers, avec la collaboration de plusieurs cultivateurs
de la plaine se servant de l'eau d'égout comme engrais. J'aurai
peu de chose à vous dire sur la valeur de cette eau ; plusieurs
rapports ont été faits avant la guerre ; beaucoup d'entre vous
ont visité l'exploitation. Il n'y a rien de changé, si ce n'est que
l'extension donnée est bien plus considérable et ne rencontre
pas l'opposition des premiers jours.

Les bassins ne sont plus utilisés ; c'est au sol et à la végétation que l'on doit l'épuration actuelle ; la totalité des matières suspendues dans l'eau se dépose dans les rigoles d'où
l'on peut les extraire pour s'en servir comme d'un engrais
puissant. Les visiteurs de l'exposition s'arrêtaient avec intérêt
devant ce lot dont les produits vraiment remarquables exci-
taient leur curiosité. A côté de toutes ces plantes potagères,
dont l'énumération serait trop longue et que vous avez, du
reste, certainement remarquées, étaient joints quelques spéci-
mens de fleurs et de fruits, afin de montrer tout ce qu'on peut

obtenir avec cette eau infecte qui jusqu'à présent n'avait servi qu'à empoisonner la Seine. Le jury a accordé, comme récompense exceptionnelle, un diplôme d'honneur.

7° LISTE DES RÉCOMPENSES

ACCORDÉES PAR LE JURY DE L'EXPOSITION TENUE PAR LA SOCIÉTÉ, DU 10 AU 14 OCTOBRE 1874 DANS SON HÔTEL.

Présentée par **M. B. Verlot**, Secrétaire général adjoint de la Société.

Médaille de vermeil à **M.** Joliclerc. — Légumes cultivés dans la plaine de Gennevilliers et arrosés à l'eau d'égout.

Diplôme d'honneur décerné à la ville de Paris. — Un lot de légumes divers provenant des cultures faites dans la plaine de Gennevilliers, à l'aide des eaux d'égout.

8° LETTRE

A MONSIEUR LE PRÉSIDENT ET MESSIEURS LES MEMBRES DU CONSEIL MUNICIPAL DE PARIS.

Messieurs,

La Société centrale d'horticulture de France n'a pas cessé, depuis 1868, de prendre le plus vif intérêt aux expériences d'épuration et d'utilisation des eaux d'égoût. Une nombreuse série de rapports, signés par des commissions spéciales, a confirmé de plus en plus l'opinion aujourd'hui généralement admise, que le seul moyen véritablement pratique de désinfecter les fleuves et d'enrichir notre sol consistait à appliquer les eaux vannes, sous forme d'irrigations, à la grande culture aussi bien qu'à la culture maraîchère. Les nations étrangères qui nous ont précédés dans l'étude de cette grave question, abandonnent aujourd'hui les moyens artificiels de décantation ou d'épuration chimique pour recourir aux procédés plus économiques et plus efficaces appliqués dans la plaine de Gennevilliers. Elles sont surtout frappées des avantages que nous offrent les plaines sablonneuses, situées en aval de la Seine et formant d'immenses filtres naturels, destinés à utiliser les résidus de la capitale qui vont devenir une source de richesse agricole au lieu d'être, comme précédemment, une cause permanente d'infection.

Témoin des efforts tentés par l'Administration municipale pour résoudre un des plus graves problèmes d'hygiène publique, et convaincue qu'il est de son devoir d'apporter le tribut de ses lumières sur la question, au point de vue de la culture du sol, la Société centrale d'horticulture apprend avec le plus vif intérêt que le Conseil municipal projette l'extension des conduites de Gennevilliers, dans les vastes plaines de Bezons et de Sartrouville; elle émet très-respectueusement le vœu que ce magnifique projet soit mis à exécution pour compléter le grand œuvre de désinfection de la Seine, et elle nomme une Commission composée de :

MM. Hardy, Directeur du potager national de Versailles et de l'Ecole d'horticulture, *Président.*

Rivière, jardinier en chef du Luxembourg.

Dr Jeannel, médecin-inspecteur des armées.

Siroy, secrétaire du Comité des cultures potagères.

Laizier, président de la Société de secours mutuels des maraîchers du département de la Seine.

Vivet, horticulteur.

Forest, horticulteur, professeur d'arboriculture.

Chevallier, horticulteur à Montreuil.

Ch. Joly, vice-président de la Société d'horticulture, *secrétaire.*

Cette Commission est spécialement chargée de se tenir à la disposition du Conseil municipal pour lui donner tous renseignements désirables au point de vue horticole.

Pour le président de la Société,

B. Verlot, secrétaire général adjoint.

Paris, le 11 novembre 1875.

II. EXTRAITS DES PROCÈS-VERBAUX DES SÉANCES

SÉANCE DU 24 MARS 1870.

Objets déposés sur le bureau :

Par M. Vivet, jardinier à la colonie horticole d'Asnières (Seine), une botte de Pissenlit amélioré, plant d'un an, un Chou de Milan de Pontoise et un Chou vert de Vaugirard. — Ces produits remarquables pour leur beauté ont été obtenus à l'aide de l'engrais fourni par les égouts de Paris.

M. Vivet montre par quelques détails exposés par lui de vive voix, que la culture qui les a donnés est largement rémunératrice. Ainsi, dit-il, le Pissenlit, qui donne beaucoup de feuilles quand il est cultivé convenablement, se vend en ce moment 2 fr. 50 le kil.; et quant aux Choux, le prix sur les marchés en est maintenant assez élevé pour que, plantés à raison de trois par mètre carré, c'est-à-dire de 30,000 à l'hectare, et vendus jusqu'à 0 fr. 50 c. la pièce, ils donnent, comme on le voit, un excellent revenu.

Le Comité de culture potagère propose d'accorder une prime de 3e classe à M. Vivet pour ses légumes.

SÉANCE DU 14 AVRIL 1870.

Il est déposé sur le bureau :

Le compte rendu des Travaux et des résultats relativement à l'emploi des eaux des égouts de Paris, par MM. les ingénieurs Mille et A. Durand-Claye. Ce travail, d'un haut intérêt, est divisé en deux cahiers in-4°, dont l'un, autographié (85 pag. et table) renferme les Rapports des ingénieurs, tandis que l'autre est un atlas présentant, en 7 planches doubles, tous les détails des dispositions et appareils adaptés au service d'utilisation des eaux d'égout.

SÉANCE DU 9 JUIN 1870.

Objets déposés sur le bureau :

Par M. Vivet, jardinier à la colonie horticole d'Asnières

(Seine), un lot varié de légumes obtenus à l'aide des eaux des égouts de Paris et comprenant des Choux pain de sucre, cœur de bœuf et d'York, des Laitues palatines, des Romaines blondes, des Pois prince Albert, Michaux et Godin.

Le président du Comité de culture potagère déclare, au nom de ce comité, que le lot de légumes présenté par M. Vivet est d'une beauté remarquable, notamment les Romaines dont il serait difficile de trouver les pareilles en ce moment. Mais, comme M. Vivet a déjà reçu pour ses présentations successives de légumes cultivés à l'eau d'égout, tous les degrés de primes que le Règlement autorise à donner pour des objets présentés dans les séances, le Comité croit devoir demander, pour cet habile jardinier, un rappel de prime de 2ᵉ classe, qui est accordé par un vote spécial de la compagnie.

M. Forest entretient la compagnie des plantations d'arbres fruitiers qu'il a effectuées, au mois de mars dernier, à Gennevilliers, dans les terres soumises à l'arrosement par l'eau des égouts de Paris. Les 600 arbres, âgés déjà de 7 ans, qui composent cette plantation, sont en parfait état et portent quantité de fruits. Il attribue cet excellent résultat à l'eau qu'on leur a donnée, abstraction faite même de l'engrais qu'elle portait.

SÉANCE DU 23 JUIN 1870.

M. Durand-Claye avertit la compagnie que le champ d'expériences sur lequel se poursuivent les essais de culture à l'eau d'égout, à Gennevilliers, près Paris, sera ouvert, comme l'année dernière, aux membres de la Société qui se présenteront munis de leur carte. En ce moment, dit M. Durand-Claye, la végétation est belle sur ce terrain, malgré la chaleur de la saison, ce qui semble constituer une expérience concluante.

M. Forest appuie ce que vient de dire M. Durand-Claye, quant à la vigueur de la végétation sur toutes les cultures arrosées à l'eau d'égout. Les arbres que lui-même a plantés au mois de mars dernier sont magnifiques et portent quantité de beaux fruits. On voit aussi là des champs de Betteraves d'une beauté rare, tandis que les terres voisines, qui ne sont pas soumises aux mêmes arrosements, n'ont plus du tout de Betteraves, en raison de la sécheresse.

M. Vivet signale aussi la différence qui existe entre les Pommes de terre arrosées à l'eau d'égout et celles qui ne le sont pas. Les premières sont magnifiques et les autres sont pitoyables.

M. le Président fait observer que, cette année étant fort sèche, l'expérience est beaucoup moins concluante que si elle était humide. En effet, l'eau d'égout peut agir pour l'engrais qu'elle porte, ou par l'eau même qui en est la base essentielle. Si, la saison étant humide, les plantes arrosées avec ce liquide étaient beaucoup plus fortes que celles qui ne recevraient que de l'eau de la pluie, on devrait en conclure que l'effet avantageux produit sur la végétation est dû essentiellement à l'engrais ; mais cette année étant extrêmement sèche et chaude, il est à présumer, ou du moins on peut supposer que le bon effet produit doit être attribué avant tout à l'influence salutaire des arrosements, abstraction faite de la nature de l'eau avec laquelle ils sont faits. Tout le monde connaît en effet l'action excellente des arrosements par les temps chauds et secs.

SÉANCE GÉNÉRALE EXTRAORDINAIRE DU 14 JUILLET 1870.

Objets variés déposés sur le bureau.

1° Par la colonie horticole d'Asnières, un lot de légumes divers et fort nombreux, obtenus avec arrosements à l'eau des égouts de Paris.

2° Par M. Brull et Joliclerc, cultivateurs-horticulteurs au Château de la France, dans la pleine de Gennevilliers, un lot de légumes variés, récoltés sur une terre qui a reçu des arrosements avec l'eau des égouts de Paris.

Les nombreuses présentations qui viennent d'être énumérées déterminent plusieurs demandes de primes. 1° le Comité de culture potagère demande qu'une prime de 1re classe, la plus haute récompense dont on puisse disposer en séance, soit décernée pour les magnifiques légumes composant un lot énorme, qui viennent de la colonie horticole d'Asnières, et que cette prime soit offerte à M. le Préfet de la Seine, sous le patronage de qui s'exécutent tous les travaux dirigés à la fois en vue d'utiliser les eaux des égouts de Paris, de fertiliser une grande étendue de terres presques stériles et d'assainir la Seine à laquelle cesseront d'être amenées toutes les ordures de la grande ville. Cette demande, mise aux voix, est adoptée avec empressement par la compagnie, et M. le Président remet la prime de 1re classe à M. Mille, ingénieur en chef, qui, avec le concours de M. Durand-Claye, ingénieur, a dirigé tous les travaux exécutés jusqu'à ce jour dans la pleine d'Asnières et Gennevilliers. M. Mille veut bien se charger de transmettre la prime à M. le Préfet. A cette occasion, il adresse à la Société quelques paroles bien senties pour la remercier du concours qu'elle lui a donné en cette circonstance et du zèle avec lequel les commissaires désignés par elle ont suivi, pendant deux années consécutives, les travaux de la colonie.

LETTRE SUR LA CULTURE A L'EAU D'ÉGOUT,

Par **MM. Brüll** et **Joliclerc**.

Paris, 18 juillet 1870.

Monsieur le Président,

La Société d'horticulture a donné, dans sa séance du 14 de ce mois, de nouvelles marques de l'intérêt éclairé qu'elle accorde aux essais d'utilisation culturale des eaux des égouts de Paris, poursuivis depuis trois années par l'Administration municipale.

Nous nous autorisons des dispositions si bienveillantes manifestées par la Société pour vous prier de vouloir bien appeler son attention sur les efforts que nous avons entrepris, depuis un an, pour aider à la solution pratique de cette intéressante question.

Frappés de l'action fertilisante de cet engrais, nous avons cherché à en propager l'emploi, et surtout à nous rendre

compte des résultats économiques que pourrait donner la culture à l'eau d'égout.

Dans cette vue, nous avons commencé une expérience pratique sur une assez grande échelle, nous avons choisi pour cet
essai une terre dite « Château de la France » située près de
Gennevilliers, à quinze cents mètres environ du jardin d'essai
de la ville de Paris. Cette terre, d'une contenance de sept hectares, était exceptionnellememt stérile ; elle était abandonnée
depuis plusieurs années, à la suite d'une culture épuisante sans
engrais. L'analyse du sol, faite à l'École des ponts et chaussées,
donna 92 pour 100 de silice et montra l'absence presque complète de chaux et de matières organiques.

> Les résidus insolubles dans les acides sont sableux. Ces terres doivent se
> prêter parfaitement à une absorption considérable d'eau d'arrosage. Elles
> sont épuisées en principes calcaires, sauf le sous-sol, et pauvres en élé-
> ments organiques. Elles ont tout profit à retirer de l'arrosage à l'eau d'é-
> gout.

Après avoir, non sans difficultés, obtenu par la persuasion
des propriétaires des fonds intermédiaires, l'autorisation de
conduire l'eau d'égout sur notre terrain, nous avons établi
une rigole d'amenée des eaux, et nous avons aménagé l'irrigation de la pièce.

La terre a été alors distribuée, pour sa plus grande partie,
entre six colons travaillant à leurs risques et périls, par mé-
tayage ou à moitié fruits, le reste est cultivé par nos propres
soins. Près de quatre hectares sont aujourd'hui transformés
en cultures maraîchères en plein rapport, et l'on y obtient
toutes sortes de légumes. L'irrigation ne dure que depuis cinq
mois, et déjà le sol est profondément modifié et porte des
plantes qui ne pouvaient y végéter auparavant.

Vous remarquez, Monsieur le Président, combien cette opération se distingue de celles que la Société a examinées à
divers reprises dans la plaine de Gennevilliers. C'est une entreprise due à l'initiative privée, et qui doit, en se développant,
favoriser l'utilisation des eaux des égouts à la transformation
de la culture à maigres rendements en culture maraîchère et
intensive.

Nous prenons la confiance de demander à la Société d'horti-culture ses encouragements pour la tentative que nous avons entreprise, et voici dans quel sens l'appui moral de la Société pourrait en favoriser la réussite.

La Commission chargée d'étudier la question de l'utilisation agricole des eaux d'égout nous ferait grand honneur en venant visiter notre culture, et ses conseils seraient précieux pour nos maraîchers et pour nous-mêmes.

Pour achever le lotissement du « Château de la France » et aussi pour étendre à d'autres terrains la même transformation agricole, nous aurons besoin, pour la campagne prochaine, de cultivateurs expérimentés. Il y a là, pour des ouvriers laborieux et intelligents, des positions très-fructueuses à prendre dans l'ensemble de notre entreprise. La publicité dont dispose votre Société auprès des hommes du métier pourrait vous être fort utile pour ce recrutement.

Enfin nous désirerions appeler sur quelques-uns de nos colons actuels l'attention de la Société. Nous avions joint à l'ex-position de la colonie horticole d'Asnières trois lots de légumes obtenus par les nommés : Elie Dauvergne, Charles Proyer, et Joseph Jean.

Les résultats de culture présentés par ces colons paraîtront remarquables, surtout si on les rapproche des conditions spé-ciales dans lesquelles ils ont été réalisés.

Veuillez agréez, Monsieur le Président, l'hommage de nos sentiments dévoués.

Signé : BRULL et JOLICLERC.

SÉANCE DU 28 JUILLET 1870.

Il est déposé sur le bureau de la Société, parmi les pièces de la correspondance, une lettre de remercîment de M. le préfet de la Seine, au sujet de la prime de 1re classe qui lui a été offerte, dans la dernière séance, pour un beau lot de légumes présenté par la colonie horticole de Gennevilliers. « J'ai à cœur, Monsieur le Président, écrit M. le préfet, de vous faire connaî-tre la satisfaction que m'a fait éprouver le témoignage de bienveillance dont la colonie horticole de Gennevilliers a été l'objet de la part de la Société d'horticulture. Je vous prie de vouloir bien, à cette occasion, être mon interprète auprès de MM. les membres de la Société, et de leur exprimer mes remercîments pour l'intérêt qu'ils veulent bien porter à la distribution des eaux du collecteur d'Asnières. »

SÉANCE DU 8 DÉCEMBRE 1870.

Le comité des cultures potagères dépose sur le bureau un pied de Cardon assez remarquable par son développement. M. Laizier rapporte que ce Cardon provient des cultures de Gennevilliers, et qu'il est l'un des rares individus de même sorte qui y aient été respectés dans ces derniers temps. Bien qu'à feuilles énormes, ce Cardon n'appartiendrait pas cependant, selon M. Laizier, à la variété dite d'Espagne; il différerait de celle-ci par son rachis plus plein et plus longuement dépourvu de folioles. Quoi qu'il en soit, entrant dans quelques considérations sur les avantages que pourraient procurer aux jardiniers-maraîchers établis sur les bords de la Seine, depuis Chichy jusqu'à Argenteuil, les eaux assez riches encore en matières organiques qui sont rejetées par l'égout collecteur, M. Laizier demande si la Société ne pourrait pas prêter son appui à l'exécution d'un projet des ingénieurs du service municipal qui consisterait à construire des pompes élévatoires ayant pour but : 1° de fournir facilement à ces maraîchers les eaux vannes qui ont des qualités incontestables pour favoriser le développement de leurs légumes; 2° de donner satisfaction aux propriétaires riverains des terres situées au delà de l'égout collecteur, qui adressent, non sans motifs sérieux, à l'Administration municipale, des plaintes assez vives sur les inconvénients causés par l'impureté des eaux de la Seine.

M. Durand-Claye, ingénieur du service municipal, demande et obtient la parole. Il rappelle que le Cardon déposé aujourd'hui sur le bureau de la Société a été cueilli, il y a environ 15 jours, à Gennevilliers, dans le jardin de la ville, et que sa beauté est due, sans aucun doute, en grande partie à l'influence des eaux d'égout. Développant l'idée qui a été émise plus haut par M. Laizier, M. Durand-Claye déclare que, si l'établissement de l'égout collecteur a vivement satisfait aux désirs depuis longtemps exprimés par les habitants mêmes de Paris, il est maintenant, de la part des riverains, depuis Clichy jusqu'au delà d'Argenteuil, l'objet de récriminations assez vives, à cause de l'impureté des eaux qui est telle que, plusieurs fois déjà, notamment à Asnières, elle a occasionné la mort des poissons. Or, ce serait pour obvier à ces inconvénients et surtout pour donner aux plaignants une large compensation dans l'emploi avantageux qu'ils pourraient faire de ces eaux ainsi salies, que les ingénieurs ont proposé à l'Administration municipale la construction de pompes élévatoires.

Notre collègue ajoute que ce serait pour lui une grande satisfaction de voir la Société centrale d'horticulture, qui a toujours pris un si vif intérêt à tout ce qui a rapport aux jardins maraîchers établis à Gennevilliers, non-seulement s'associer à l'idée précitée, mais encore en recommander tout spécialement l'éxécution à l'Administration municipale qui, seule, doit et peut l'assurer.

A la suite de cette demande, qui a été très favorablement accueillie par la Société tout entière, M. le Président décide qu'il sera adressé à M. le délégué du Gouvernement de la défense nationale près la municipalité de Paris une lettre conçue à peu près dans les termes suivants :

« La Société centrale d'horticulture de France exprime le vœu que l'Administration municipale continue et développe l'application des eaux d'égout à la culture maraîchère. Les résultats obtenus assurant à la fois la richesse du pays et la désinfection de la Seine, salie par les déjections de la ville, depuis Clichy jusqu'au delà d'Argenteuil, il serait profondément regrettable de s'arrêter dans la voie suivie jusqu'ici, et à laquelle la Société n'a cessé de donner son approbation. »

SÉANCE DU 12 JANVIER 1871.

MM. Laizier, Petit-Jean, Durand-Claye, Chatin, parlent successivement des entreprises de culture légumière faites à Gennevilliers par la ville de Paris et pour la continuation desquelles la Société a écrit au ministère de l'agriculture et à la municipalité de Paris.

SÉANCE DU 23 FÉVRIER 1871.

M. le Ministre de l'agriculture et du commerce adresse une lettre en réponse à celle que la Société lui avait adressée au mois de janvier et qui avait pour objet l'émission d'un vœu tendant à ce que les travaux d'utilisation des eaux d'égout, à Clichy et dans la plaine de Gennevilliers, soient continués dans toute la presqu'île.

M. le Ministre annonce qu'il a renvoyé la pétition de la Société à M. le maire de Paris qui seul, dit M. le Ministre, peut lui donner une suite conforme au désir exprimé par notre compagnie. M. le Ministre ajoute qu'il insiste près de M. le maire de Paris pour qu'il fasse étudier cette question avec toute l'attention et la sollicitude qu'elle doit inspirer, et qu'il lui signale les avantages que l'alimentation publique dans Paris doit retirer de l'application de cette mesure. Il termine en disant qu'il fera connaître ultérieurement la suite donnée à cette affaire.

A la suite de cette communication, M. Alfred Durand-Claye, ingénieur au corps des ponts et chaussées, chargé conjointement avec M. Mille, ingénieur en chef, des travaux d'irrigation de la plaine de Gennevilliers à l'aide des eaux d'égout, fait hommage à la Société d'un travail qu'il vient de publier et qui est intitulé : *Assainissement de la ville de Bruxelles.*

SÉANCE DU 9 MARS 1871.

Objets déposés sur le bureau :

1° Par M. Vivet père, divers produits obtenus à la colonie horticole d'Asnières, savoir :

Du plant d'Asperge hâtive d'Argenteuil provenant d'un semis qui a été fait le 15 mars 1869; du plant de la même sorte d'Asperge qui provient d'un semis fait le 15 mars 1870 ; une botte de Radis roses à bout blanc, provenant d'un semis qui a été fait, le 7 février dernier, sous châssis et sur couche, dans un mélange de deux tiers de terreau déposé par l'eau des égouts de Paris avec un tiers de terre végétale.

Le Comité de culture maraîchère reconnaît comme remarquables les divers produits déposés sur le bureau par M. Vivet ; il propose dès lors, d'accorder à cet habile jardinier une prime de 3ᵉ classe, et la Société adopte cette proposition par un vote spécial. M. Vivet reçoit des mains de M. le Président la prime qui vient de lui être décernée.

SÉANCE DU 23 MARS 1871.

Objets déposés sur le bureau :

Par M. Vivet père, divers produits obtenus à la colonie horticole d'Asnières (Seine), ce sont : de la Chicorée sauvage améliorée ; de la Chicorée sauvage ordinaire ; une botte de Radis à bout blanc.

Ces produits ont été obtenus à l'aide de l'eau des égouts de Paris, et le Comité de culture potagère déclare qu'il n'a pas trouvé le moindre indice de mauvais goût aux Radis ainsi venus. Même les Radis apportés aujourd'hui par M. Vivet sont meilleurs et plus piquants que ceux que le même horticulteur avait déposés sur le bureau, le 9 de ce mois.

Répondant à une question qui lui est adressée, M. Vivet dit que les produits potagers qu'il présente aujourd'hui ont été semés le 15 février dernier. Il ajoute qu'il a été obligé de donner de l'air (et par conséquent aussi plus de lumière) à ses Chicorées, ce qui les a rendues plus vertes que de coutume, mais ce qui également en a augmenté la saveur.

SÉANCE DU 12 OCTOBRE 1871.

Les objets suivants ont été déposés sur le bureau :

Par M. Vivet, jardinier à la colonie horticole d'Asnières (Seine), un lot de légumes variés récoltés dans cette colonie, savoir : deux Choux-raves de Siam, deux Choux-navets ou Turneps, une botte de Poireaux de Rouen, un Radis noir, trois tubercules de Pommes de terre saucisse et autant de Pommes de terre de Sarreguemines.

M. Vivet fait observer, relativement à ces légumes, qu'ils sont venus sans avoir été arrosés avec l'eau noire des égouts de Paris, que les dégâts causés par la guerre ne permettent plus d'amener sur les terres où elle était distribuée, il y a un an. L'expérience, ajoute-t-il, a montré maintenant que l'engrais fourni par les égouts produit des effets différents, mais toujours avantageux, selon la nature des terres; sur les terres légères, il maintient longtemps la fraîcheur, tandis que sur les terres fortes, il divise et ameublit.

M. A. Durand-Claye, ingénieur, qui, sous la direction de M. Mille et en sa collaboration, s'est occupé activement de tous les travaux effectués en vue d'utiliser l'eau des égouts de Paris, rend compte de l'effet que les malheureux événements dont Paris a été le théâtre ont produit relativement à cette grande et utile entreprise. Il est à peine besoin de dire que, pendant le siége par les Allemands, tout a été forcément abandonné. Après le siége on songeait à reprendre les travaux, mais l'arrivée de l'insurrection communeuse a tout arrêté, et après le rétablissement de l'ordre on a trouvé tout dévasté et les travaux détruits. En outre le pont de Clichy, sur lequel passaient les tuyaux de conduite, ayant été démoli pendant la guerre, il était devenu impossible d'amener l'eau d'égout, comme auparavant dans la plaine de Gennevilliers. Dans ce fâcheux état de choses, MM. les ingénieurs-directeurs ont pu tirer encore parti avantageux des travaux antérieurs. Ils ont livré aux cultivateurs l'engrais solide ou terreau que formait le dépôt laissé dans les bassins, et une machine à vapeur ayant fourni les moyens d'élever l'eau d'un puits, on a pu reconstituer, jusqu'à un certain point, le liquide des égouts en arrosant avec cette eau les terres qui avaient reçu de ce terreau. Il y a lieu d'espérer que, l'année prochaine, les travaux seront repris et menés à bonne fin. On est même autorisé à penser que toute la masse de liquide qu'apporte le grand égout col-

lecteur trouvera bientôt son emploi, car les pétitions de cultivateurs demandant une concession de ce qu'ils appellent l'eau
noire, se multiplient dans une proportion rapidement croiss-
sante. Par là s'effectueront, d'un côté, la fertilisation d'une
grande étendue de terres presque stériles; de l'autre l'assainissement de la Seine dans laquelle on n'aura plus à déverser,
comme aujourd'hui, un véritable fleuve d'ordures. Il existe
même un projet d'ensemble, dont sera prochainement saisi le
Conseil municipal et dont la réalisation amènerait des consé-
quences avantageuses à plusieurs égards ; ce projet consiste à
diriger dans les égouts toutes les vidanges de la grande ville,
de manière à supprimer une puissante cause d'infection et à
déterminer en même temps une grande amélioration de l'engrais des égouts. Pendant le siége de Paris, dit encore M. Durand-Claye, une nouvelle expérience, conséquence de la première, a pu être faite avec succès. Il était question d'essayer,
dans l'enceinte même de Paris et pendant l'hiver, des cultures
qui pussent devenir une source féconde pour l'alimentation
de la population assiégée; MM. les ingénieurs municipaux ont
fait dresser des couches avec un mélange à parties égales de
terre et du dépôt laissé par l'eau des égouts. Le résultat a été
satisfaisant et, au mois de mars, quand les cultures de la
colonie ont été reprises, on a pu livrer aux cultivateurs qui
voulaient se remettre à l'œuvre soixante mille plants de légumes variés. D'autres produits qu'on a obtenus en très-bon
état de développement, dans les mêmes conditions, ont prouvé
que ce terreau d'égout est bon pour la culture, et ont complété
ainsi la démonstration commencée par les autres expériences.

M. Louesse pense que l'utilité de l'engrais des égouts pour la
culture potagère serait mise bien plus nettement en évidence
si l'on cultivait comparativement la même sorte de plante avec
et sans engrais.

M. Durand-Claye répond à M. Louesse que l'expérience qu'il
réclame se fait dans ce qu'on appelle le champ d'essai ; mais,
pour l'ensemble de l'opération, cette comparaison n'a pas
d'intérêt. Il s'agissait avant tout de désinfecter la Seine et, pour
cela, de supprimer la cause permanente d'infection. Cette

suppression ne pouvait résulter que de l'emploi du liquide des égouts; et cet emploi lui-même devant être effectué dans de vastes proportions, il fallait que de nombreux cultivateurs reconnussent le bon parti qu'on peut tirer de cette matière. Dans l'espace de trois années, ce résultat a été obtenu. Tous les voisins des terres soumises aux essais veulent suivre l'exemple qui leur est donné. Ainsi la culture à l'eau d'égout s'étend rapidement de proche en proche, et en ce moment déjà, des terres qui se louaient 30 fr. l'arpent, sont recherchées à 100 fr. pour la même étendue.

Il y a donc eu un succès réel dans cette tentative, et, au point où en sont les choses, ce succès ne peut aller qu'en croissant d'année en année.

L'intéressante communication verbale de M. Durand-Claye provoque dans la compagnie des applaudissements unanimes.

PROCÈS-VERBAUX.

SÉANCE DU 8 FÉVRIER 1872.

M. Chevalier aîné, de Montreuil-sous-Bois (Seine), a la parole et rapporte ce fait observé par lui que les Pêchers dont la reprise semblait n'avoir pas eu lieu et qui n'avaient pas donné la moindre pousse, l'année de leur plantation, en ont produit, au contraire, de bonnes un an plus tard, parce que, dit-il, il s'était formé des bourrelets aux sections des racines qui avaient été rognées au moment de la plantation.

Le même membre dit que, muni de l'autorisation que lui avaient donnée MM. les ingénieurs de la ville de Paris, il a planté des Pêchers, le 2 avril 1871, sur quatre ou cinq ares de terrain pouvant être arrosés à l'eau d'égout. Il a recouru pour cela à un mode particulier de plantation qui lui a été indiqué par M. Rivière, et il a laissé ses arbres buttés jusqu'à la fin du mois de juin. Il a obtenu ainsi de bons résultats. Même parmi ses arbres, que les événement l'ont forcé d'abandonner à eux-mêmes, sans qu'il ait été possible de les arroser d'eau des égouts, ceux qui étaient greffés sur amandier ou sur prunier ont bien poussé. Passant ensuite aux effets des gelées rigoureuses de l'hiver dernier, M. Chevalier dit que, pour les arbres en pépinière dont la partie supérieure a péri, tandis que leur partie inférieure a été protégée par la neige et n'a pas souffert, il conseille de supprimer une certaine quantité de racines le long du pivot. Ces arbres ne manqueront pas de repartir sur leur partie restée saine, et le mal se trouvera ainsi assez promptement réparé.

SÉANCE DU 28 MARS 1872.

Entre autres pièces de correspondance imprimée, M. le Secrétaire général signale le rapport présenté au Conseil municipal de Paris, par M. Callon, au nom de la sixième Commission, sur le projet relatif à l'assainissement des eaux de la Seine par l'utilisation des eaux des égouts, au profit de l'agriculture.

A ce propos, M. Durand-Claye, ingénieur de la ville, chargé avec M. Mille de la direction des travaux entrepris pour cet objet, rappelle que le Conseil municipal vient de voter un million pour l'exécution de cette utile entreprise. Il dit que l'avis favorable que la Société d'horticulture a exprimé en plusieurs circonstances relativement à l'utilisation des eaux des égouts pour la culture, n'a pas été sans influence sur la détermination qui a été prise. Le rapport de M. Callon fait mention de cet avis et s'en appuie à certains égards. Il reproduit même la lettre qui a été adressée, à ce sujet, par M. le premier vice-président Brongniart au Gouvernement de la défense nationale et que suit l'expression d'un vœu tendant à la continuation et au développement de l'utilisation de l'eau des égouts de Paris pour la culture. Aussi, M. Durand-Claye adresse-t-il des remercîments à la Société pour le concours qu'elle a prêté à MM. les ingénieurs de la ville.

SÉANCE DU 13 JUIN 1872.

Objets déposés sur le bureau :

Par M. Vivet, jardinier à la colonie horticole d'Asnières, un lot de légumes comprenant deux grosses Romaines blondes, deux Laitues rouges, deux pieds d'Artichauts, de la Chicorée à couper toujours blanche, une botte de Navets et de Pommes de terre Marjolin. — Au nom du Comité de culture potagère, M. Laizier demande que M. Vivet reçoive une prime de deuxième classe en raison de la beauté peu commune de ses légumes qui tous proviennent du champ d'essai de culture à l'eau d'égout, situé dans la plaine de Gennevilliers.

SÉANCE DU 11 JUILLET 1872.

Objets déposés sur le bureau :

Par M. Vivet, jardinier à la colonie horticole d'Asnières, des bottes de Navets les uns ronds, les autres longs, du Cerfeuil bulbeux, dont 25 racines pèsent 900 grammes et des Fraises des quatre saisons. — Le Comité de culture potagère demande que M. Vivet reçoive une prime de 3ᵉ classe pour cette présentation.

SÉANCE DU 28 NOVEMBRE 1872.

Les objets suivants ont été déposés sur le bureau :

Par M. Chevalier (Désiré), de Montreuil-sous-Bois (Seine), du plant d'Asperge hâtive, qui a été obtenu à la colonie horticole de Gennevilliers et sous l'influence d'arrosements faits avec de l'eau des égouts de Paris. Cet apport prouve que l'eau d'égout exerce une action avantageuse sur le développement des pieds d'asperge ; en effet une partie du plant déposé sur le bureau de la Société par M. Chevalier, quoique déjà fort, est le résultat d'un semis qui n'a été fait que le 15 mars dernier. Un pied beaucoup plus développé provient d'un repiquage qui a été fait également le 15 mars dernier avec des plantes qui étaient alors peu avancées et qui ont fait des progrès considérables depuis cette époque.

M. Laizier, président du Comité de culture potagère, après avoir indiqué ces faits, rappelle que M. Vivet a mis sous les yeux de la compagnie des pieds d'Asperges qui, grâce à l'influence de l'eau d'égout, étaient suffisamment développés, au bout de deux années seulement de végétation, pour donner de bons et déjà beaux produits.

PROCÈS-VERBAUX.

SÉANCE DU 9 JANVIER 1873.

A la suite du procès-verbal, M. Vivet dit que s'il avait été présent à la dernière séance, au moment où il a été question de sa présentation d'Artichauts, il aurait donné des renseignements qui paraissent avoir manqué, et qui peut-être auraient conduit la compagnie à envisager cette question autrement qu'elle ne l'a fait. En effet, les Artichauts qu'il a déposés sur le bureau n'avaient pas été produits par des œilletons dont la température exceptionnellement douce de cet hiver ait déterminé le développement par anticipation ; ils sont le produit de ce qu'on pourrait appeler une seconde récolte obtenue dans la même année et sur les mêmes pieds que la récolte principale. Lorsque les pieds de cette plante qu'il cultivait à Gennevilliers, en les arrosant avec de l'eau d'égout, ont eu donné leur produit, ils avaient encore une assez grande vigueur de végétation pour qu'il ait cru devoir les soumettre à un essai ; sur chacun, après avoir supprimé la tige qui avait produit, il a conservé trois rejets basilaires ou œilletons qui, s'étant développés suffisamment pour cela, ont donné, en plein hiver, les nouveaux artichauts dont il a montré à la compagnie des échantillons. On voit donc que ceux-ci n'ont pas été cueillis, comme on l'a pensé, sur des œilletons détachés et replantés qui aient eu une végétation plus rapide et plus hâtive que de coutume.

M. Forest reconnaît que ce fait sort en réalité de ce qu'on est habitué à voir dans les jardins ; néanmoins, comme il lui semble évident que c'est la pure et simple conséquence de l'absence totale de froid qui jusqu'ici a distingué l'hiver de 1872-1873, et que l'art du jardinier n'y est intervenu en rien, il est d'avis que la Société n'a nullement à regretter d'avoir refusé, sur les réflexions qu'il lui a présentées, la prime que le Comité de culture potagère avait proposé d'accorder à M. Vivet.

M. Petitjean fait observer que le vote de la compagnie, dans la dernière séance, n'a été que ce qu'il pouvait être en l'absence de tout éclaircissement par le Comité compétent ; lui-même a voté contre l'attribution de la prime demandée ; peut-être aurait-il voté autrement s'il avait connu ce que M. Vivet vient d'apprendre à la compagnie ; mais, dans tous les cas, il pense qu'il est impossible de revenir sur la décision qui a été prise, à ce sujet, dans la dernière séance.

L'ordre du jour est demandé relativement à cette question et voté à une très-forte majorité.

Les objets suivants ont été déposés sur le bureau :

Par M. Vivet père, jardinier à la colonie horticole de Gennevilliers, l'un des œilletons qui ont produit les Artichauts dont il a présenté des échantillons à la dernière séance.

SÉANCE DU 26 JUIN 1873.

Les objets suivants ont été déposés sur le bureau :

1° Par M. Vivet, père horticulteur à Asnières, des artichauts de Laon obtenus à la colonie horticole de Gennevilliers, dans les cultures à l'eau d'égout. Ces Artichauts sont tout aussi beaux que ceux de M. Laloy ; aussi le Comité spécial demande-t-il une prime du même ordre pour M. Vivet que pour ce dernier horticulteur, et sa demande est favorablement accueillie par la compagnie ;

2° Par M. Forest, quatre beaux Artichauts tenant encore à la tige qui les a produits à la fois. — Cette présentation est faite hors de concours et simplement pour montrer par un fait ajouté à tous ceux qu'on a déjà rapportés dans les séances de la Société, combien les cultures faites même sur les mauvaises terres de la plaine de Gennevilliers, à l'aide d'arrosements avec l'eau des égouts de Paris, donnent des résultats avantageux en fait de productions potagères. C'est en effet des cultures faites dans ces conditions que proviennent les beaux Artichauts que M. Forest a déposés sur le bureau, et auxquels il a joint, dans le même but, un énorme chou cœur de bœuf obtenu de même, — M. Forest reçoit les félicitations et les remerciments de la compagnie pour sa remarquable présentation.

M. A. Durand-Claye, ingénieur au service municipal, a la parole pour exposer l'état actuel des cultures à l'eau d'égout dont l'organisation a eu lieu sous la direction de M. l'ingénieur Mille et la sienne. L'intérêt, dit-il, que la Société centrale d'horticulture a porté à ces cultures dès qu'elles ont été entreprises, lui fait penser qu'elle sera satisfaite d'apprendre le développement important qui a pu leur être donné tout récemment. — C'est de 1868 que datent les premiers rapports de la Société avec les directeurs de ces travaux dont l'idée première avait été inspirée par le désir de supprimer une redoutable cause d'infection de la Seine, tout en obtenant un résultat immédiatement utile ; il n'existait alors qu'un simple champ d'essai situé à Clichy, dans lequel on pratiquait la culture de quelques légumes. En essayant d'affecter à la culture potagère l'engrais et l'eau qui, réunis, constituent la masse de liquide que transporte et verse, à Asnières, le grand égout collecteur, les directeurs de cette entreprise s'écartaient entièrement de la marche qui a été et qui est encore suivie auprès de quelques villes, en Angleterre. Là, en effet, en outre que les essais d'utilisation de l'eau d'égout n'ont que de faibles proportions, ils n'ont pour objet que de favoriser la production de l'herbe dans les prairies. A Paris, on a voulu employer ce même liquide dans la culture des légumes, et la Société sait très-bien, elle voit même par les magnifiques produits potagers qu'elle a sous les yeux, que le succès dans cette voie a été complet. Dès l'origine, des membres du Comité de culture potagère reconnurent, par leur propre expérience, qu'on pouvait obtenir de beaux et bons légumes, même sur de mauvaises terres, en les arrosant avec de l'eau des égouts de Paris, M. Vivet, en particulier, consacra à ces tentatives son habileté consommée en fait de culture maraîchère, et il obtint immédiatement des résultats du plus haut intérêt. En 1869, les ingénieurs chargés de la direction de ces essais reconnurent qu'il y avait lieu de les développer sur une plus grande surface de terre, et ils étendirent les cultures à la plaine de Gennevilliers, qui occupe toute l'extrémité de la presqu'île formée sur ce point par une forte sinuosité de la Seine. Mais une grande difficulté se présentait alors ; il fallait, en effet, transporter sur l'autre rive de la Seine l'énorme masse de liquide dont on voulait se servir. Le Conseil municipal de Paris autorisa les dépenses indispensables pour cela, et bientôt des cultures potagères purent être entreprises sur ce nouvel et vaste champ d'expériences.

D'abord il existait de très-fortes préventions contre cette entreprise : les uns déclaraient qu'on allait créer un redoutable foyer d'infection, les autres affirmaient que les résultats de ces cultures ne pouvaient être que mauvais. Il fallait démontrer par des faits que ces craintes étaient sans fondement. M. Vivet ouvrit la voie ; M. Forest, M. Crémont, ne tardèrent pas à le suivre, et bientôt environ quarante cultivateurs voisins s'établirent, à leur exemple, sur des parcelles qui leur furent concédées sans la moindre redevance et qu'ils arrosaient avec l'eau d'égout mise gratuitement à leur disposition. On essaya aussi un autre mode d'utilisation en arrosant de même des luzernes, des seigles et autres plantes de la grande culture. Dans tous les cas, l'effet de l'eau d'égout fut reconnu avantageux, et l'administration conçut dès lors l'espérance de convertir en jardins potagers et en champs productifs la vaste et infertile plaine de Gennevilliers.

Malheureusement la guerre est venue non-seulement arrêter cette grande expérience, mais encore détruire les travaux qui avaient été déjà exécutés. Au retour de la paix les bons résultats obtenus antérieurement, la certitude acquise de pouvoir couvrir tout ce vaste terrain de champs de légumes semblables à ceux qui existent déjà autour de Saint-Denis et d'Aubervilliers, le vœu formel émis par la Société centrale d'horticulture, tout a décidé le Conseil municipal qui, à la date d'un an, a voté un million pour la reprise et la continuation de ces importants travaux. Grâce à cette allocation, MM. les ingénieurs ont pu faire établir une machine à vapeur qui va commencer de fonctionner dans quelques jours, et qui élèvera journellement quarante mille mètres cubes d'eau d'égout. D'un autre côté, un système de canalisation convenablement disposé peut amener dans la plaine de Gennevilliers soixante mille mètres cubes par jour du même liquide. Le total représente environ le tiers de la masse qu'apportait jusqu'ici à la Seine le grand égout collecteur. On entrevoit comme probable, peut-être dans un avenir peu éloigné, l'utilisation de toute la masse des eaux qui arrivent des rues de Paris, et par suite la suppression complète de toute cause d'infection pour la Seine.

Un autre résultat de la plus haute importance qui est déjà obtenu, c'est le changement complet de dispositions de la part des propriétaires voisins et des cultivateurs; les premiers ont cessé de craindre un voisinage qui leur semblait d'abord ne pouvoir être que funeste et qu'ils ont reconnu ensuite comme inoffensif; les derniers achètent aujourd'hui ce qu'ils hésitaient d'abord à accepter gratis, et consentent sans difficulté à payer une rente annuelle de 500 fr. par hectare ; soixante hectares sont cultivés en ce moment dans ces conditions; mais l'administration désire aller beaucoup plus loin et, pour cela, elle adresse un appel à la Société qui, en faisant connaître aux maraîchers les avantages dont les faits antérieurs leur démontrent la certitude, peut contribuer puissamment au développement de la grande entreprise qui a été déjà mise, dans un court espace de temps, à l'abri de toute crainte d'insuccès. C'est du reste par l'initiative individuelle qu'elle espère arriver à son but, car les compagnies lui inspirent peu de confiance, et celles qui ont tenté de concourir au résultat général ont promptement échoué.

M. le Président remercie M. A. Durand-Claye de son intéressante communication, et les applaudissements de la compagnie expriment à cet ingénieur distingué l'intérêt avec lequel elle l'a entendu.

SÉANCE DU 28 AOUT 1873.

Les objets suivants ont été déposés sur le bureau :

Par M. Vivet, horticulteur à Asnières, les fleurs coupées de plusieurs variétés de Reines-Marguerites, parmi lesquelles il en est de couronnées, c'est-à-dire dans lesquelles un centre blanc ou très-clair est entouré d'un large cercle de couleur vive.

SÉANCE DU 11 SEPTEMBRE 1873.

Les objets suivants ont été déposés sur le bureau :

Par M. Vivet, horticulteur à Asnières (Seine), des tubercules des ix variétés de Pommes de terre récoltées sur une terre arrosée avec l'eau des égouts de Paris, de très-beaux Navets venus de graines qui avaient été données par la Société centrale d'agriculture, ainsi que des Fraises quatre-saisons, semis de la fraise Janus. — Ces Pommes de terre sont fort belles et de variétés bien choisies ; seulement M. Laizier craint que les caractères de ces variétés n'aient été quelque peu altérés par l'effet du développement considérable qu'elles ont pris sous l'influence d'un engrais abondant et nourrissant. Ces variétés sont : La Providence, la Xavier, la Pomme de terre rubanée qui se maintient avec sa singulière coloration par rubans et plaques rouges sur fond clair, la Royal Kidney, qui est toujours la meilleure des variétés hâtives, la Lapston Kidney, qui ressemble beaucoup à la précédente, sans être ni toujours aussi bonne ni aussi productive, enfin la Bickmann. — Le Comité de culture potagère demande que M. Vivet reçoive, pour l'ensemble de sa présentation, une prime de 3e classe qui est accordée par la compagnie.

SÉANCE DU 9 OCTOBRE 1873.

Les objets suivants ont été déposés sur le bureau .

Par M. Vivet, plusieurs beaux fruits récoltés sur de jeunes arbres plantés dans la colonie d'Asnières. Ces fruits, dit M. Forest, prouvent suffisamment par leur volume et leur beauté que, contrairement à ce qu'on pouvait supposer d'après certains écrits, les eaux d'égout qui humidifient le sol dans lequel plongent les racines des individus qui ont produit ces fruits n'altèrent en rien la végétation et la fructification de ces poiriers.

SÉANCE DU 23 OCTOBRE 1873.

Les objets suivants ont été déposés sur le bureau :

Par M. Vivet, de la colonie horticole d'Asnières, deux Batates roses obtenues sur une terre arrosée avec l'eau des égouts de Paris, et dont l'une ne pèse pas moins de 2 kilog. 409. Avec ces tubercules le même horticulteur a déposé sur le bureau des fraises quatre-saisons récoltées sur des pieds de semis de 1872.

PROCÈS-VERBAUX.

SÉANCE DU 26 MARS 1874.

Les objets suivants ont été déposés sur le bureau :

Par M. Chevalier aîné, arboriculteur à Montreuil (Seine), un jeune Pêcher provenant d'un scion qui a été planté, au mois de février 1873, dans le terrain appartenant à la ville de Paris, à la colonie d'Asnières. D'après les renseignements donnés de vive voix par M. le vice-secrétaire du Comité d'arboriculture et ensuite par M. Chevalier lui-même, cet arbre a été mis sous les yeux de la compagnie pour lui montrer qu'on peut modérer presque à la volonté le développement des branches, dans les arbres fruitiers, au moyen de l'enlèvement d'une partie du limbe des feuilles.

SÉANCE DU 25 JUIN 1874.

Les objets suivants ont été déposés sur le bureau :

Par M. Vivet, de la colonie horticole d'Asnières (Seine), des fleurs coupées d'Ibéris umbellata L. ou Thlaspi des jardiniers, appartenant à douze variétés dictinctes par leur nuance.

SÉANCE DU 10 SEPTEMBRE 1874.

Les objets suivants ont été déposés sur le bureau :

Par M. Vivet, de la colonie horticole d'Asnières (Seine), trois Artichauts de Laon, trois Pommes de terre Marceau, un lot de la Pomme de terre qui portait le n° 38 dans la collection des variétés obtenues de semis par M. Thibault Prudent et qui a été plus récemment nommée Pomme de terre Vivet, des Pommes de terre du Canada, un Chou milan de Saint-Denis, enfin trois Tomates. M. le Président du Comité de culture potagère fait observer que la nouvelle Pomme de terre nommée Vivet sera prochainement appréciée par lui sous le rapport de la qualité, des tubercules lui en ayant été remis dans cè but. Il ajoute que le Comité propose d'accorder à M. Vivet une prime de 3ᵉ classe pour l'ensemble de sa présentation. Cette proposition est mise aux voix par M. le Président et adoptée par la compagnie.

SÉANCE GÉNÉRALE DU 24 DÉCEMBRE 1874.

M. le Secrétaire général procède au dépouillement de la correspondance qui comprend les pièces suivantes :

1° Une lettre par laquelle M. le Préfet de la Seine accuse réception du diplôme d'honneur qui lui a été décerné, à la suite de l'exposition du mois d'octobre dernier, comme au représentant légal de l'administration municipale, pour une magnifique collection de produits potagers obtenus, dans la plaine naguère stérile de Gennevilliers, grâce à l'action fertilisante de l'eau des égouts que des travaux considérables exécutés par les soins et aux frais de la ville de Paris, ont permis de mettre à la disposition de nombreux cultivateurs.

PROCÈS-VERBAUX.

SÉANCE DU 11 MARS 1875.

Les objets suivants ont été déposés sur le bureau :

Par M. Vivet, du plant d'Asperges d'un an, obtenu dans le champ d'essai, à Gennevilliers, est également bien venu.

SÉANCE DU 22 AVRIL 1875.

M. Alfred Durand-Claye, l'un des ingénieurs de la ville de Paris, expose de vive voix l'état actuel de la question relative à l'assainissement de la Seine, grâce à l'emploi pour la culture de l'énorme quantité d'eau que verse actuellement dans le fleuve le grand égout collecteur. La masse des matières charriées par l'eau des égouts de Paris devient de jour en jour plus considérable par suite de l'extension donnée par l'administration municipale au balayage mécanique qui amène aux bouches d'égout toutes les ordures des rues; ces matières fermentent dans l'eau de la Seine qui en est fortement souillée, et en font disparaître presque entièrement l'oxygène dissous. En amont du grand collecteur il existe 7-8 centimètres cubes de ce gaz par litre d'eau. On n'y en trouve plus qu'un centimètre au-dessous de l'embouchure de ce vaste aqueduc. Comme on a reconnu expérimentalement que le sol opère le filtrage des eaux vannes, que les racines des plantes en prennent les parties solubles tandis que les autres sont retenues par la terre ou s'oxydent en la traversant, l'administration municipale a formé le projet d'utiliser cette action de la terre et des plantes pour faire disparaître cette cause permanente d'altération de l'eau du fleuve. On sait le bon parti qu'on tire, depuis quelques années, de l'eau d'égout pour l'horticulture, dans la presqu'île de Gennevilliers. Le Conseil municipal ayant voté, il y a un an, la somme d'un million, on a construit à Clichy une puissante machine qui peut élever 1/5 de la masse liquide apportée par le grand collecteur et qui permet ainsi de répandre l'eau sur une grande surface de cultures. Déjà l'an dernier, cette eau était employée sur 120 hectares; mais cette surface étant tout à fait insuffisante, le Conseil municipal a voté un autre million, au mois de novembre dernier et, grâce à ces fonds, il va être construit des rigoles maçonnées, ayant onze kilomètres de développement, pour répandre ce liquide sur un millier d'hectares, dans la plaine qui s'étend jusqu'à Bougival. Mais on n'emploiera encore ainsi que la moitié environ du liquide dont on veut se débarrasser. On devra donc s'occuper des moyens d'en absorber la masse entière. Dans ce but, on étudie en ce moment un plan de travaux destinés à conduire toute l'eau vanne que n'absorberont pas les terres cultivées vers la forêt de Saint-Germain où elle pourra être versée sans inconvénient et même avec avantage. Ce sera là, si ce plan peut être réalisé, la solution complète d'un problème dont l'administration de la ville de Paris se préoccupe avec raison depuis plusieurs années. La Société centrale d'horticulture, s'étant toujours vivement intéressée à l'emploi de l'eau d'égout pour la culture, et plusieurs de ses membres ayant donné, à cet égard, un exemple qui a eu ensuite de nombreux imitateurs, M. Alfred Durand-Claye dit qu'il a cru remplir presque un devoir en lui apprenant quel est en ce moment l'état de cette question.

M. le docteur Jeannel dit qu'il peut, en s'appuyant sur des expériences à lui propres, démontrer l'exactitude de ce qu'on vient d'entendre relativement à l'influence puissante des plantes sur les eaux mélangées de matières organiques en putréfaction. Pour s'éclairer à ce sujet, il a fait macérer longtemps des haricots dans de l'eau qui en est devenue infecte et dans laquelle le microscope faisait alors découvrir l'existence d'une quantité considérable de Bactéries, animalcules extrêmement petits qui sont les agents ordinaires de la putréfaction. Au mois de mai, il a mis dans un verre 60 c. c. de cette eau et il y a plongé la racine d'une jeune plante. Un verre-témoin renfermait une égale quantité du même liquide, mais sans racine. Ce liquide a conservé toute son infection, tandis qu'au bout de quatre jours, l'autre était assaini, épuré et ne contenait plus de Bactéries, mais à leur place de grands Infusoires (*Paramécies et autres*) qui ne viennent que dans les eaux salubres. Une expérience faite avec de l'eau dans laquelle on avait mis de la viande pourrie a donné le même résultat. Il a suffi d'y laisser agir une racine vivante pour qu'en 5 jours cette eau perdit toute sa mauvaise odeur et se trouvât purifiée.

SÉANCE DU 9 SEPTEMBRE 1875.

Les objets suivants sont déposés sur le bureau :

Par **M.** Vivet, horticulteur à Asnières (Seine), un lot de racines de Cerfeuil bulbeux et deux pieds d'Artichauts de semis. — Les Artichauts sont reconnus assez beaux quoique étant venus à la suite d'un semis ; quant aux racines de Cerfeuil bulbeux, le Comité de culture potagère déclare, par l'organe de son Président, que ce sont les plus belles qu'il ait encore vues ; seulement il est évident qu'on a dû les choisir dans un nombre assez considérable. Il a même été supposé par quelques membres du Comité que ces racines, après une première année de végétation, avaient été replantées, et que c'était ainsi qu'elles avaient atteint leur grosseur remarquable. Mais, fait observer M. le Président du Comité, s'il en était ainsi, les plantes seraient montées à fleur et par suite, les racines auraient durci dans leur centre ; or, on a constaté qu'elles sont bien à leur première année de végétation et que dès lors c'est uniquement à une excellente culture qu'elles doivent leur beauté. — Le Comité propose d'accorder à M. Vivet une prime de 3e classe pour l'encourager à persévérer dans cette culture, et sa proposition est adoptée.

TABLE

—

PREMIER FASCICULE.

I. RAPPORTS.

II. EXTRAITS DES PROCÈS-VERBAUX DES SÉANCES.

DEUXIÈME FASCICULE.

I. RAPPORTS.

II. EXTRAITS DES PROCÈS-VERBAUX DES SÉANCES.

Paris. — Imp. de E. DONNAUD, rue Cassette, 9.

SOCIÉTÉ CENTRALE D'HORTICULTURE DE FRANCE

UTILISATION

DES

EAUX D'EGOUT

DE LA VILLE DE PARIS

Rapports et Extraits des Procès-Verbaux des Séances

DEUXIÈME FASCICULE.

PARIS

IMPRIMERIE DE E. DONNAUD

9, RUE CASSETTE, 9

1876

www.ingramcontent.com/pod-product-compliance
Lightning Source LLC
LaVergne TN
LVHW010409060726
842526LV00005B/1590